너무 사랑해서
아픈 부모에게

이 책의 저자 인세는 목회자 가정을 위한 후원금으로 쓰입니다.

너무 사랑해서 아픈 부모에게

지은이 | 오종은
초판 발행 | 2022. 10. 19
등록번호 | 제1988-000080호
등록된 곳 | 서울특별시 용산구 서빙고로65길 38
발행처 | 사단법인 두란노서원
영업부 | 2078-3333 FAX | 080-749-3705
출판부 | 2078-3332

책값은 뒤표지에 있습니다.
ISBN 978-89-531-4336-4 03230

독자의 의견을 기다립니다.
tpress@duranno.com www.duranno.com

두란노서원은 바울 사도가 3차 전도 여행 때 에베소에서 성령 받은 제자들을 따로 세워 하나님의 말씀으로 양육하던 장소입니다. 사도행전 19장 8-20절의 정신에 따라 첫째 목회자를 돕는 사역과 평신도를 훈련시키는 사역, 둘째 세계선교™와 문서선교단행본·잡지 사역, 셋째 예수문화 및 경배와 찬양 사역, 그리고 가정·상담 사역 등을 감당하고 있습니다. 1980년 12월 22일에 창립된 두란노서원은 주님 오실 때까지 이 사역들을 계속할 것입니다.

너무 사랑해서
아픈 부모에게

오종은 지음

두란노

일러두기

· 본문에 소개한 사례들은 당사자의 동의를 얻었으며 내용과 그림을 각색하여 실었습니다.
· 책에 등장하는 아이들의 이름은 모두 가명입니다.

나의 스승인 아이들과
아들을 통해 사랑을 가르쳐 주신
예수님께 이 책을 바칩니다.

목차

추천사　　　　　　　　　　　　　　　　　008
프롤로그　　　　　　　　　　　　　　　　010
들어가기 : 그림은 마음의 거울　　　　　　014

1부
그림으로 읽는 아이 마음

1장 아이의 속마음은 무엇일까?

01　아이가 진짜 하고 싶은 말　　　　　024
02　안전 기지가 필요하다　　　　　　　036
03　그림으로 드러나는 가족의 민낯　　　048
04　너무 사랑해서 불안한 마음　　　　　060

2장 아이 마음 그대로 인정하기

05　숨은 마음을 이해하는 비결　　　　　080
06　자기표현을 돕는 감정 이름　　　　　092
07　타고난 기질 받아들이기　　　　　　106
08　지으신 그대로의 자존감　　　　　　120

그림으로 읽는 부모 마음

3장 부모가 먼저 위로 받아야 한다

09	부모도 아프고 힘들다	134
10	부모 마음속에 사는 그림자 자녀	144
11	기억 속에 갇힌 나를 놓아주자	156
12	눈으로 보는 관계의 의미	166

4장 부모 마음 키우기

13	노력의 배신	176
14	로뎀나무 아래서 지쳐 잠들다	182
15	마음에도 근육이 있다	188
16	부모 독립 만세	194

추천사

자녀는 몸으로 낳아 사랑으로 양육하는 존재입니다. 그런데 많은 부모가 이 사랑을 어떻게 나누어야 할지 잘 알지 못합니다. 사랑의 마음을 제대로 나누지 못할 때 부모와 자녀 모두에게 상처로 남게 됩니다. 저자는 그림을 통해 부모와 자녀의 마음속에 숨어 있는 감정과 사랑받고 싶은 마음을 알려 주고 이해하도록 도와줍니다. 그래서 부모와 자녀가 함께 하나님이 공급하시는 사랑으로 성장해 가는 길을 안내해 줍니다.

김형준_동안교회 담임목사

부모와 아이의 온전한 사랑 나눔을 위해서, 부모는 자신의 불안을 아이에 대한 과도한 사랑으로 왜곡하기보다는 불안해하는 자신과 마주해야 하고, 아이는 온전히 알 수 없고 표현하기 어려운 자신의 마음을 보여 주어야 합니다. 이 책은 '그림'이야말로 부모 마음과 아이 마음을 보여 주어 치유에 이르도록, 하나님이 우리에게 주신 멋진 도구임을 일깨워 줍니다. 그림 속에 담긴 아이의 마음을 찾게 해 주고, 너무나 사랑해서 불안한 부모에게 위로를 건네는 책입니다.

김기철_한국목회상담협회 회장, 감리교신학대학교 교수

부모의 실타래처럼 얽힌 마음은 부모와 아이에게 때로 상처를 남깁니다. 부모가 먼저 얽힌 마음을 잘 풀어내고 넉넉해진 마음으로 아이를 담아줄 수 있을 때, 비로소 아이와 부모는 함께 성장합니다. 저자는 넘치는 정보와 끊임없는 비교로 빡빡한 이 시대의 지친 부모에게 양육의 본질을 지혜롭게 이야기해 줍니다. 그림을 통해 아이와 부모의 마음을 들여다보고 하나님의 사랑으로 치유와 회복의 답을 찾아갈 수 있도록 더없이 따뜻하고 예리한 길잡이가 되어 줍니다. 저자의 진솔한 경험과 다양한 사례가 담긴 이 책이, 누구보다 아이를 사랑하는데 자꾸 어긋나서 아픈 부모에게 깊은 위로와 공감, 그리고 통찰을 전해줄 것이라 믿습니다.

김세영_백석대학교 기독교상담학 교수

프롤로그

마음을 보는 시선이 달라져야
변화가 시작됩니다

몇 년 전, 아들이 작은 다육이 선인장 하나를 선물로 받아 왔습니다. 아들은 그 선인장이 마음에 들었는지 햇빛 좋은 창가에 두고 정성껏 돌보며 보살폈어요. 그런데 얼마 못 가서 선인장이 시들해지는가 싶더니 곧 죽고 말았습니다. 크게 실망한 아들이 제게 자신이 이 선인장을 얼마나 열심히 키웠는지 말하며 왜 시들었느냐고 물었지요. 저는 아들에게 말했습니다.

"너무 사랑해서지. 그 아이는 물을 가끔만 주어야 하는데, 물을 너무 자주 주어서 그래."

이처럼 사랑은 참 어렵습니다. 특히 부모의 사랑이 어려운 이유는 사랑이 부족해서가 아니라 어떻게 사랑해야 하는지 몰라

서입니다. 최선을 다해 사랑하지만, 사랑하는 방법을 몰라 상처를 주기도 하고 받기도 하지요.

저도 그랬습니다. 열심히 사랑하고 있다고 생각했는데, 온통 아이를 향한 저의 시선이 결국 아이와 저를 아프게 했습니다. 지난 시간을 되돌아보면, 알고 있다고 생각했던 것들은 실상 다 모르는 것이었습니다. 내 뜻 같지 않은 아이에게 화를 내다 후회하기를 반복하며 사랑에 스스로 지쳐 갔지요.

제가 만났던 부모들도 저와 똑같았습니다. 그저 좋은 부모가 되고 싶었을 뿐인데, 부모 노릇이 처음인지라 아이를 어떻게 사랑해야 할지 몰라 막막하다고 했습니다. 불안한 부모들은 이 책, 저 책을 뒤적이고, 여기저기 쫓아다니며 좋다는 교육도 받았다고 합니다. 아이에게 옳은 말을 해 주고 싶어서 말하기 기술까지 배우기도 하고요. 그런데 분명 "아는 것이 힘"이 될 줄 믿었던 부모들은 오히려 육아 지침 때문에 더 불안해지곤 했습니다. 이렇게 저렇게 해야 한다는 가르침은 넘쳐나지만, 정작 실생활에서는 잘 적용되지 않으니 죄책감만 더 커졌기 때문이지요.

안타까운 것은 부모의 지식이나 말하기 기술로는 아이가 여간해서는 변하지 않는다는 사실입니다. 마음을 보는 시선이 달라져야 비로소 변화가 시작되기 때문입니다. 아이가 어떤 행동을 하는 동기가 무엇인지 그리고 진짜로 하고 싶은 말이 무엇인지를 살펴보면, '그래서 그랬구나, 사실은 이런 마음이었구나'를 느낄 수 있지요.

　이 시선의 변화는 아이 마음에만 해당하지 않습니다. 부모 자신의 마음을 들여다보는 시선도 달라져야 합니다. 아이를 너무 사랑해서 불안한 마음, 들키고 싶지 않아서 꼭꼭 숨겨 놓았던 그 마음을 향해 '그래서 그랬구나. 사실은 이런 마음이었구나' 하고 공감해 주어야 합니다.

　어쩌면 당신은 "나는 그런 공감을 받아 본 적도 배워 본 적도 없어요"라고 말할지 모르겠습니다. 그래서 막막할 수도 있겠지요. 우리에게 마음의 공감은 늘 어려운 숙제이니까요. 이 책은 아이의 마음을 어떻게 살펴야 하는지, 마음을 살피는 힘은 어디서 오는지를 묻는 당신에게 전하는 편지입니다.

　마음을 살피는 힘은 어디서 올까요? 그 비밀은 바로 하나님의 사랑에서 찾을 수 있습니다. 우리는 나도 모르는 내 마음을 읽고, 상처를 어루만지시는 하나님의 사랑을 받은 자들입니다. 고집 세고 어지간해서는 변하지 않는 나를 기다려 주시는 사랑, 있는 그대로 받아 주시는 그 사랑을 배운 학생이기도 하지요. 사랑받았기에 우리도 기꺼이 사랑할 수 있습니다.

　알쏭달쏭한 마음을 눈으로 보고 느낄 수 있도록 아이와 부모가 그린 그림을 책에 담았습니다. 가슴과 가까운 언어인 그림은 마음을 보여 주는 좋은 거울이기 때문이지요. 당신이 그림 속 주인공의 이야기를 읽으며, 그 안에 숨어 있는 자녀의 얼굴뿐 아니라 부모인 자신의 얼굴과도 마주하면 좋겠습니다.

마음 아프고 힘든 일이 많은 이 세상에서 당신이 진정한 하늘의 위로를 받았으면 좋겠습니다. 하나님께 받았던 그 사랑, 상처를 통해 나를 키우신 그 은혜를 떠올리며 스스로 짊어진 무거운 짐을 내려놓기를 바랍니다. '네 탓이다. 네가 잘해야 한다'라는 거짓 음성에 속지 마세요. 당신은 충분히 사랑받고 있는 주님의 자녀이고, 충분히 좋은 부모입니다.

마지막으로, 나의 스승인 내가 만난 아이들과 아들을 통해 사랑을 가르쳐 주신 주님께 감사의 고백을 올려 드립니다. 오랜 시간 기다려 주신 두란노서원 식구들에게도 깊은 감사를 드립니다.

2022년 10월
오종은

들어가기

그림은 마음의 거울

"새빨간 거짓말"

우리가 흔히 사용하는 말이다. 그러나 곰곰이 생각해보면 참 이상한 말이기도 하다. 어느 누구도 거짓말이 새빨간 것을 본 적이 없을 테니 말이다. 재밌는 것은 그냥 거짓말이라고 하는 것보다 새빨간 거짓말이라고 할 때, 거짓말이 주는 느낌과 말로 다 표현할 수 없는 어떤 '마음'이 더욱더 떠오른다는 것이다. 거짓말이 주는 기막힌 배신감이 '새빨간'이라는 시각적 이미지에 담겨 표현되고 전달되는 것을 알 수 있다. 이처럼 눈에 보이지 않는 마음을 볼 수 있는 방법의 하나가 마음속 이미지를 시각화 하는 것, 바로 '그림 그리기'다.

그림 그리기는 인간에게 매우 친숙한 자기표현이다. 아이들은 몸의 균형을 잡고 손에 무언가 쥐기 시작할 무렵부터 쉬지 않고 끄적거린다. 어린아이가 그림 그리는 장면을 상상해 보자. 아무것도 없던 바탕에 아이가 손을 움직일 때마다 '나'의 흔적이 나타난다. 처음엔 단순한 몸의 움직임에서 그림이 시작되지만, 곧 움직임의 결과를 통해 아이는 자신의 흔적이 나타나는 것을 발견하게 된다. 이것은 마치 눈이 내린 다음, 새하얀 바탕 위에 첫 발자국을 찍을 때의 설렘 같은 것이며, 자기 세상이 생겨나는 창조의 기쁨과도 같다. 이처럼 하나님은 우리를 창조적인 예술가로 태어나게 하셨다.

이제 내가 몸을 움직이면 그것이 결과로 나타난다는 것을 발견한 아이들은 하나님이 주신 창조성으로 그림을 통해 자아를 형성해 간다. 내가 관심 있는 것, 좋아하는 것을 그리거나 때로는 내가 두려워하는 것을 그리기도 하며 물이나 불, 태양과 같은 상징 속에 자신을 녹여 내기도 한다. 어른들은 실사처럼 잘 그려진 이미지를 그림으로 여기지만, 그림이란 나를 표현하는 말과 같은 것이다.

왜 그림일까?

왜 아이들은 그림으로 말할까? 아마도 아이들이 어른처럼 언어가 능숙하다면, "난 이렇게 불안해, 나를 두렵게 하는 것은 이런 것이야"라고 말로 하나하나 표현할 것이다. 그러나 자기 마음을 언어로 표현하는 것은 아이들에게 매우 어려운 일이다. 어린아이들은 뭔가 하고 싶은 말은 많은데, 어디서부터 어떻게 말로 표현해야 할지 몰라 결국 울음으로 자신을 표현하곤 한다.

아이들이 둘러앉아 조곤조곤 "이번엔 네 차례야, 네 마음을 이야기해 봐"라고 말하는 장면이 상상 되는가? 이 장면이 뭔가 부자연스럽다면, 아이들이 벽에 낙서하고, 바닥에 엎드려 낄낄대며 자기가 좋아하는 로봇을 그리는 장면을 상상해 보라. 감정을 인식하고 논리적인 언어로 표현하기 어려운 아이들에게는 그림 놀이가 말보다 훨씬 더 자연스러운 소통법이다.

　어른들도 마찬가지다. 너무 아프고 힘든 것들은 말로 차마 안 나오는 경우가 많다. 대신 화가 난 마음을 갈겨 그리기로 표현할 수도 있고, 점토를 두드리며 속상한 마음을 투영할 수 있다. 이렇듯 그림에는 말로 다 할 수 없는 내면세계가 그대로 표현된다. 그림은 이미지(像)를 사용하기 때문에 언어보다 훨씬 더 은유적이고 상징적이다. 따라서 그림을 이해하는 것은 열 마디 말을 함축할 수 있는 '의미'를 읽는 것이라고 할 수 있다. 그림의 이미지는 생각지도 못한 무의식적인 것도 잘 보여 주며, 고통스러운 것이나 부정적인 것까지도 마음 놓고 담을 수 있는 '안전기지'(secure base)가 된다.

　그래서 그림은 자신의 마음을 잘 알지 못하고, 표현하는 것도 어려운 사람에게 아주 요긴한 거울이다. 꼭꼭 숨어 있는 우리의 속마음을 알려 줄 테니까. 언어로는 그냥 '엄마' 하나이지만, 아이들의 엄마 그림에는 아이가 가진 엄마에 관한 각기 다른 이미지가 표현된다. 어떤 아이는 엄마 그림에 하트를 화면 가득 덧붙이기도 하고, 어떤 아이는 어딘가 슬퍼 보이는 얼굴을 그려 넣기도 한다. 웃는 엄마를 그리는 듯하다가 화가 나 있는 모습으로 그림을 끝내는 아이도 있다. '엄마'라는 두 글자에 다 담을 수 없는 갖가지 마음이 그림으로 나타난다. 이렇게 그림에는 아이조차도 전혀 의도하지 않은 아이의 마음, 진짜 하고 싶은 말이 담긴다.

그림으로 대화하자

그림으로 표현된 내면의 이미지는 눈으로 볼 수 있기 때문에 관찰할 수 있고, 이를 주제로 대화할 수도 있다. 늘 배가 아프다는 아이가 있었다. 아이는 자신의 배 속에 벌레들이 살고 있는 것 같다며, 배 속에서 벌레가 집게로 자신에게 상처를 내는 모습을 상상하여 그렸다. 아이는 '나쁜 벌레들'이라고 그림의 제목을 붙이고, 나쁜 벌레에 대해 조잘조잘 이야기했다. 아이와 나는 신이 나서 나쁜 벌레들에 관한 이야기를 나누며, 벌레 잡는 시늉을 하기까지 했다. 이야기가 끝나갈 무렵, 우리는 배 속 상처 그림에 "호~"하고 입김을 불어 주었는데, 감사하게도 그 이후에 아이의 복통이 크게 완화되었다. 막연하거나 알 수 없는 것이 고통을 더하기도 한다. 이 아이는 자신의 고통을 눈에 보이는 그림으로 보면서 그것이 무엇인지 알 수 있었고, 해결할 수 있게 된 것이다.

하나님 이미지는 어떤가? 우리는 하나님을 눈으로 본 적이 없지만, 이미지로 그리고 대화할 수 있다. 잘 그리고 못 그리고는 전혀 중요하지 않다. 그저 감정을 담아 색과 모양으로 표현하면 된다. 어떤 이는 자신이 만난 하나님을 따듯한 노란색 햇빛으로 그렸고, 또 어떤 이는 붉은색 목도리로 표현했다. 그리고 그림으로 표현된 구체적 이미지를 보며, 내가 만난 하나님이 어떤 분이셨는지 고백하고 대화하였다.

  우리도 마음을 비추는 거울인 그림을 보며 대화할 수 있다. 그러니 나와 자녀의 마음을 이해하고 싶다면, 마음이 담긴 그림에 말을 걸자. 그림이 나에게 무슨 이야기를 들려주는지 그 목소리에 귀를 기울여 보자. 우리가 진심으로 그림을 마주한다면, 그림 속에서 우리 아이와 나의 모습을 찾을 수 있을 것이다.

1부

그림으로 읽는 아이 마음

1장

아이의 속마음은 무엇일까?

아이들은 어른과 달라서 복합적인 감정을 스스로 알아차리거나 타인에게 설명하기가 어렵다. 그래서 어른이 보기에 이상한 말과 행동을 하기도 한다. 그러나 그 마음을 어떻게 표현해야 할지 몰라 불안해할 만큼 부모를 사랑하고, 또 사랑받고 싶은 것이 아이의 마음이다.

01

아이가 진짜 하고 싶은 말

월요일 아침, 아이가 일어나자마자 눈을 비비며 엄마에게 묻는다.

"엄마, 우리는 왜 학교에 가야 할까요?"

엄마는 어떤 말을 해 주어야 딸아이가 날마다 학교에 다녀야 하는지 이해할 수 있을까 골똘히 생각한다.

"우리가 왜 학교에 가야 하느냐면, 음…, 사회의 일원으로 성장하려면 배울 것이 많기 때문이지. 그리고 음…."

최선을 다해 설명해 보지만, 아이는 영 이해가 안 되는 눈치다. 다음 날 아침, 아이가 또다시 묻는다.

"엄마, 우리는 왜 학교에 가야 할까요?"

· 비언어적 표현에 주목하라 ·

 이것은 예전 부모 특강 시간에 만난 한 어머니가 나에게 들려주었던 이야기다. 그녀는 딸이 왜 그런 질문을 하는지 이해할 수 없다며 내게 물었다.
 "제가 어떻게 설명해 주면 좋을까요?"
 나는 오히려 그녀에게 되물었다.
 "아이는 어떤 마음으로 그런 질문을 했을까요?"
 그녀는 아이에게 늘 정답을 주어야 한다는 생각에 몰두하다 보니 정작 질문의 동기는 놓치고 있었다. 나는 그녀에게 무엇보다도 학교 가기 싫어하는 아이의 마음을 알아주고, 학교에서 어떤 어려운 점이 있는지도 세심하게 살펴보길 권했다. 이 어머니가 아이의 마음을 알아차리기 어려웠던 이유는 아이의 말, 즉 단어에만 집중했기 때문이다. 그러다 보니 질문에 맞는 답을 해 주어야겠다는 생각으로 설명해 주기에 급급해졌을 것이다.
 단어만 읽으면 진짜 하고 싶은 말을 알 수 없다. 아이뿐 아니라 우리라고 어디 마음과 항상 일치하는 말만 하던가? 우리도 표정이나 눈빛으로 화난 마음을 표현하면서도 말로는 아이에게 "너 마음대로 해"라고 한다. 눈치 없는 아이들은 그 말만 믿고 정말 마음대로 해도 되나 보다 하고 생각하지만, 그전에 몇 번속아 본 아이들은 부모의 말을 곧이곧대로 듣지만은 않는다. 부모의 말투나 표정이나 분위기로 그 속마음을 알아차리곤 한다.

아이들의 자기표현도 마찬가지다. 언어로 있는 그대로 표현하기보다 엉뚱하게 표현하는 경우가 많다. 심지어 정말 하고 싶은 말을 잊은 채 듣기 좋은 말을 하는 습관이 몸 여기저기에 붙어 있다면, 더더욱 말 외의 것들을 살펴야 아이의 마음을 알아차릴 수 있다. 아이들이 정말 하고 싶은 말은 무엇일까? 그 말들은 다 어디에 숨어 있을까?

자, 이제 아이들이 하지 못한 말, 숨어 있는 말을 아이들의 그림에서 찾아보자. 첫 번째 사례의 주인공은 8살 철이다. 철이는 집에서 엄마의 말은 잘 듣지만, 학교에서는 자기 의사 표현을 잘 못하고 집중하기 어려워하여 상담실을 찾은 남자아이다.

철이는 자기는 커서 의사가 될 거라고 말했다. 의사가 되어 엄마가 아플 때 고쳐 줄 거라고 말하며, 병원 수술대에 누운 엄마와 의사의 모습을 그려 나갔다. 철이의 그림 속에 등장하는 의사는 수술 도구를 든 채 엄마의 몸을 향해 서 있었다. 철이는 힘센 의사가 칼로 엄마 배를 가르고 수술하는 것이라고 했다.

상담이 끝난 후 철이의 어머니를 만나서 "아이가 의사가 되어 엄마가 아플 때 고쳐 주고 싶다네요"라고 말하니, 어머니의 얼굴이 환하게 밝아졌다. 의사가 된다는 것도 좋은데, 치료까지

해 준다니 얼마나 기쁜 일인가.

 그러나 나는 그렇게 좋아하는 어머니에게 그림을 좀 더 자세히 들여다보자고 했다. 철이가 그린 과정을 설명하며 그림을 보여 드렸다.

 그림 속 엄마는 붉은 피를 흘리며 힘없이 누워 있고, 의사의 손에 들린 것은 수술 도구라기보다는 사실 무기에 가까워 보인다. 철이는 처음에 엄마를 위해 의사가 되겠다고 말했지만, 수술 도구를 든 의사가 엄마의 몸을 가르는 것을 강조하며 그림을 그려 나갔다. 정말 철이가 하고 싶은 말은 무엇이었을까? 철이의 어머니도 이 그림을 보자 표정이 심각해졌다. 그러곤 내게 물었다.

"아이가 왜 이런 그림을 그린 거죠? 저를 미워하는 건가요?"

철이의 어머니는 외동인 철이가 어디서나 인정받는 아이가 되길 바랐고, 교육열도 높은 분이었다. 아이에게 관심이 큰 만큼 아이의 스케줄을 꼼꼼히 챙기며 생활 전반을 엄격히 관리했다. 아이가 잘 따라와 주길 바라며 아이에게 늘 가장 좋은 길과 가장 좋은 방법을 제시했다. 그러는 동안 철이는 주도적으로 선택하고 표현하는 것을 어려워하는 수동적인 아이가 되어 갔다.

철이의 그림은 철이가 엄마에게 가진 '양가감정'을 잘 보여 준다. 엄마가 너무 중요하고 필요하기도 하지만, 자신의 주도성을 위협하는 엄마가 밉기도 한 철이의 속마음이 자연스럽게 표현된 것이다. 아이들은 부모가 좋기도 하지만 한편으로는 밉기도 하고, 사랑받고 싶은 마음이 크면서도 자기 뜻대로 다 하고 싶은 마음 또한 큰 탓에 부모에게 양가감정을 느끼기가 쉽다.

그러나 아이들은 어른들과 달라서 이런 복합적인 감정을 스스로 알아차리거나 타인에게 설명하기가 어렵다 보니, 철이처럼 자기도 모르게 '수동적 공격'의 모습을 보이곤 한다. '수동적 공격'이란 상대에게 진짜 하고 싶은 말을 하지 못하고, 대신 돌려서 간접적으로 공격하는 것을 가리킨다. 예를 들면, 성질 급한 부모가 "지금 늦었잖아!"라고 말하면 아이는 오히려 치아를 하나하나 세듯이 양치하고, 신발 끈을 묶었다 풀었다 하는 식이다. 이럴 때, 부모는 "어떻게 하면 내가 화가 치밀지 아이가 기가 막히게 아는 것 같다"며 한탄한다.

수동적 공격은 대놓고 공격하기엔 상대가 너무 무섭거나 갈등 또는 대치 상황이 너무 두려운 나머지 무의식적으로 나타나는 경우가 많다. 그러므로 만약 아이가 부모에게 수동적 공격의 모습을 자주 보인다면, 부모 주도대로만 양육하고 있는 것은 아닌지 돌아보아야 한다. 자기 욕구나 생각을 표현할 기회가 부족했거나 늘 부정적인 반응만 받았던 아이는 부모에게 있는 그대로 표현할 수 없다. 얼핏 보면, 수동적 공격은 비겁해 보일 수도 있지만, 자기가 얼마나 아프고 억울한지, 또 어떻게 아픈지를 설명할 수 없는 마음들이 모여 아이도 모르게 엉뚱하게 튀어나오는 것이다.

그렇다면 아이가 정말 하고 싶은 말이 과연 "엄마 미워요"일까? 철이도 수술을 핑계 삼아 엄마를 공격하고 싶었던 것일까? 아니다. 아이가 진짜로 하고 싶었던 말은 "사랑받고 싶어요"다. 자기 마음을 충분히 표현하고, 수용 받고 싶은데 자신 뜻대로 되지 않으니 속상하고, 때때로 부모가 밉기도 할 것이다. 하지만 그 마음을 어떻게 표현해야 할지 몰라 불안해할 만큼 부모를 사랑하고, 또 사랑받고 싶은 것이 아이의 마음이다.

· 현대판 심청전 ·

부모를 몹시 사랑하는 또 다른 아이가 있다. 13살 청이는 소년을 주인공으로 이야기 그림을 만들었다. 청이가 만든 이야기는 이러했다.

"한 소년이 아픈 어머니에게 뱀탕을 만들어 드리려고 산에 갔어요. 그런데 산속에서 뱀을 만나 그만 뱀에 물리고 말았어요. 뱀에 물린 소년은 스르르 뱀으로 변했는데, 집으로 돌아가 아픈 어머니가 뱀탕을 먹을 수 있게 스스로 목숨을 끊었어요."

청이의 그림을 보면, 뱀에 물린 소년이 뱀으로 변해 가는 모습이 표현되어 있다. 나는 청이의 그림 이야기를 들으며 가슴이 먹먹했다. 현대판 심청전이 따로 없지 않은가? 심청전은 효녀가 복을 받는 이야기이기도 하지만, 앞을 보지 못하는 아버지의 눈을 위해 목숨을 던져야 했던, 희생양 심청이의 이야기이기도 하다.

사실, 청이는 부모님을 실망시켜 드리지 않기 위해 무던히도 노력하는 똑똑하고 모범적인 아이였다. 맞벌이로 바쁜 부모님

을 위해 동생을 보살피고, 말썽 한번 안 부리던 착한 청이가 어느 날부터 배가 아프다고 하더니 머리카락이 빠지기 시작했다. 그제야 청이의 어머니는 뭔가 이상하다는 것을 눈치 챘고, 아이가 부모의 기준에 자신을 맞추느라 계속 참고 노력해 왔다는 사실을 알게 되었다.

그러고 보니 철이나 청이의 그림에는 모두 아픈 엄마가 등장한다. 실제로 두 어머니는 건강한 분들이었다는 것에서 이미지가 가진 상징성이 엿보인다. 철이와 청이의 어머니 모두 사실 강해 보이는 분들이었지만, 한편으로는 자녀에 대한 걱정이 많은 유약한 부모들이었다. 자기 자녀가 더욱 완벽한 어른으로 자라길 바라는 마음이 너무 커서 어떻게든 잘해 보려고 했던 것뿐인데, 부모도 아이도 아파하고 있다.

돌아보면, 나의 어머니 또한 강하고 완벽해 보이는 분이었다. 어린 시절, 나의 고민 중 하나는 '어떻게 하면 엄마에게 칭찬받는 아이가 될까? 난 엄마에게 어떻게 하면 자랑스러운 딸이 될 수 있을까?'였다.

흐린 기억 속의 한 조각 추억을 꺼내 본다. 7살 때인가. 추운 겨울 어느 날, 어른들이 다 안 계신 집에서 동생과 나만 놀고 있었는데, 동생이 그만 바지에 실수하는 사건이 벌어졌다. 그 당시에 동생이 입고 있던 바지는 모직으로 만든 두꺼운 멜빵 바지였다. 그 순간 동생의 바지를 깨끗이 빨아 널어야겠다는 생각이 들어 태어나서 처음으로 빨래라는 것에 도전했다. 언젠가 본 기억만 가지고, 바지를 차가운 물에 담그고 비누를 묻혀 가며 빨래하는 시늉을 했던 것 같다. 물을 먹어 무거워진 바지를 고사리손으로 들어 올리는 것이 힘겨웠지만, 부모님이 돌아와 내가 해 놓은 빨래를 보며 기뻐하실 거란 생각에 가슴이 콩닥콩닥 설레었다. 그런데 웬걸, 밖에서 돌아온 엄마는 오히려 화를 내며 소리를 지르셨다.

"아니, 이게 뭐야? 마루가 다 물바다잖아. 그리고 이건 물빨

래하는 옷이 아닌데!"

　아차차, 어린 나는 빨래를 짜서 널어야 한다는 건 꿈에도 알지 못했다. 그저 칭찬받을 생각으로 기대에 부풀었던 내게 화를 내는 엄마가 너무 야속해서, 나는 밤새 이불 속에서 울었다. 그 체크무늬 멜빵 바지의 아릿한 기억이 지금도 선명하다. 흔한 일화일 수 있지만, 곰곰이 생각해 보면 어린 나도 그 당시 엄마가 힘들게 살고 있다는 것을 눈치채고 있었던 것 같다. 어린 나이에도 시부모와 시동생들 챙기기에 너무 바쁘고 고단했던 엄마를 돕고 싶었고, 잘 웃지 않는 엄마에게 기쁨이 되고 싶었던 것이다.

　아이의 마음을 알아주는 것이 힘들다면, 우리의 어린 시절로 돌아가 보자. 우리가 얼마나 부모에게 사랑받고 싶었던지, 부모가 내 마음을 알아주길 얼마나 바랐던가를 더듬어 기억해 보자. 그리고 그 고단한 부모의 얼굴에 지금 내 얼굴을 비추어 보자. 우리도 한때는 아이였으나 지금은 부모라는 것은 하나님이 허락하신 은혜다. 우리가 아이였기에 아이를 품을 수 있고, 부모가 됨으로써 부모의 어려움, 부모 되신 하나님 아버지의 마음을 조금이나마 짐작할 수 있다.

　중요한 것은 부모가 아이의 진짜 목소리를 기꺼이 듣고자 하느냐다. 또 아이가 진짜로 하고 싶은 말을 할 수 있도록 허용해 주는가다. 우리는 그동안 하나님 앞에서 얼마나 어린아이처럼 울었던가, 또 얼마나 많이 투덜거렸던가? 나는 자라면서 해 보지 못했던 응석을 하나님을 만나서야 할 수 있었다. 어떤 말을 해도 다 들어주시는 하나님이 내 아버지이기 때문이다.

  그리 잘한 것 없는 나를 주님이 사랑해 주신 것처럼 이제는 부모인 우리가 이기적인 자기 기준을 내려놓아야 한다. 부모 되신 하나님이 우리의 불평이나 짜증까지 있는 그대로 들어주시는 것처럼, 자녀가 있는 그대로 말해도 될 만큼 신뢰할 만한 부모가 되어야 한다. 나를 버리지 않는다는 확신을 주는 부모, 즉 하나님의 형상을 닮은 부모가 되는 것이 어렵지만, 이것은 우리가 가야 할 길이다.

> 아버지여 내 말을 들으신 것을 감사하나이다 항상 내 말을 들으시는 줄을 내가 알았나이다 _요 11:41하-42상

02

안전 기지가 필요하다

준이는 밤톨 같은 머리가 귀여운 9살 남자아이였다. 준이는 학교에서 수업에 집중하지 못하고, 수건 가장자리를 계속 입에 물고 있거나 손톱을 물어뜯는 등 이상 행동이 반복되어 상담실을 찾은 아이였다. 어머니는 준이가 학교에서 아이들과 부딪치는 일이 잦고, 선생님에게도 꾸중 듣는 일이 많다면서 자신도 아이를 이해하기가 어렵다고 말하였다.

그런데 상담실에 들어온 준이는 자신이 학교나 집에서 얼마나 억울한 일이 많은지를 한참 동안 호소하는 것이 아닌가? 아이와 만나고 나서 어머니에게 "어머니, 준이가 억울한 일이 많은 것 같아요"라고 말하자, 어머니는 "선생님, 준이 말은 어디서부터 어디까지가 거짓말일지 모르니 다 믿으시면 안 돼요"라고 대답했다. 물론, 그동안 아이가 거짓말을 많이 해 온 탓에 엄마가 수없이 속았을 수도 있지만, 그 순간 준이를 바라보는 어머니의 부정적인 시선이 아프게 다가왔다.

내가 준이와 상담하는 내내 그 아이에게 해 준 것은 아이가 가진 부정적인 자아상을 돌보아 주는 것이었다. 준이는 자기 모습을 작은 쥐로 그리거나 자기 자신을 검은색 방귀 냄새라고 표현하곤 했다. 나는 준이와 미키 마우스나 용감한 시골 쥐 이야기를 나누며 낄낄댔고, 방귀 소리를 내며 놀았다.

자기표현을 부정적으로 하는 아이에게 자칫 "넌 쥐가 아니야. 방귀 냄새도 아니야. 그렇게 생각하면 안 돼!"라고 위로인 양 강요하기 쉬운데, 이 방법은 아이들에게 설득이 잘 안 된다. 그저 작은 쥐와 방귀 냄새가 가진 긍정적인 측면을 먼저 보아 주고, 아이도 그것이 가진 긍정적인 측면을 느낄 수 있도록 도와주기만 해도 된다.

· 바람 빠진 빨간 공에 담긴 아이 마음 ·

하루는 준이가 그림을 그리겠다며 색연필을 찾았다. 그림을 그리는 내내 말 한마디 없이 종이에 코를 박고 그림에 몰두하는 준이에게 방해될까 봐 숨죽이며 지켜만 보았는데, 도대체 무엇을 그리는 것인지 알 수가 없었다. 나는 그림이 너무 궁금하여 준이에게 그림의 제목을 물었다. 준이는 잠깐 생각하는가 싶더니 바로 "바람 빠진 공이요"라고 대답하였다. 그제야 준이의 바람 빠진 공이 한눈에 들어왔다.

아이가 자신을 공으로 그렸다고 말한 것은 아니다. 하지만 아이들이 몰입하여 그리는 상징적 그림에는 그 아이 자신이 담겨 있기 마련이다. 준이는 정말 공과 같은 아이였다. 특히 빨간

색 공에서 준이가 가진 에너지와 역동성을 느낄 수 있다. 그러나 바람 빠진 공은 공으로서의 가치나 역할을 다할 수 없기에, 준이가 현재 자신의 에너지를 발휘할 수 없는 상태임을 추측해 볼 수 있다. 더군다나 준이는 공이 무얼 하고 있는지 묻는 내게 "'구석에 찌그러져 있어야지'라고 생각해요"라고 대답했다. 나는 준이와 공에 관한 연상 이야기를 나누다가 "공이 앞으로 어떻게 될까? 공에 바람이 다시 들어올까?"라고 물었다. 그러자 준이는 "음…, 지금은 아니고…. 좀 기다리면 될 것 같아요"라고 말했다. 얼마나 다행스러운 일인가? 나는 "그래? 선생님도 같이 기다려야겠다"라고 답하며 웃었다.

준이의 '바람 빠진 공'은 그즈음 한창 심한 불화를 겪던 준이의 부모가 이혼한 직후에 그려진 그림이다. 차마 아이에게 솔직하게 말할 용기가 없던 부모는 준이에게 당시 상황에 관해 아무 말도 들려주지 못했다. 나는 준이 부모에게 변하는 것들은 무엇이고, 변하지 않는 것(이를테면 아이에 대한 애정 같은 것)은 무엇인지를 아이에게 알려 주길 권했지만, 부모는 도저히 말할 수 없다고 했다.

준이는 얼마나 불안했을까? 준이 입장에서는 무언가 달라지고 있긴 한데, 실체를 알 수 없어 막연하고도 급격한 변화였다. 준이가 보였던 수건 가장자리 물기나 손톱 물어뜯기는 모두 너무 불안해서 나타났던 모습들이다. 준이는 빨간 공처럼 자유롭고, 인정받고 싶은 마음도 큰 아이다. 그런데 집안 분위기는 긴장의 연속인데다 자신은 늘 혼나는 나쁜 아이가 되니 얼마나 불안했겠는가. 준이는 문제 아이가 아니라 불안한 마음을 둘 곳이 없는 아이였을 뿐이다.

어른들이 아이의 불안을 눈치채지 못하는 이유는 겉으로 드러난 행동만 보기 때문이다. 불안한 아이들은 집중력이 낮고 산만해 보이며, 불안을 낮추기 위해 스스로 강박적인 행동을 보이기도 한다. 부모 또한 아이들의 불안한 행동을 보면서 그 이유를 알 수 없기에 불안해하고, 부모의 불안은 또다시 아이에게 전염된다.

이 불안의 악순환을 막기 위해선, 먼저 아이들의 문제 행동만 보지 말고, 그 행동의 의미와 기저에 깔린 불안한 마음을 살펴봐야 한다. 그리고 불안을 해소할 수 있는 '안전 기지'를 제공해주어야 한다.

· 안전 기지의 역할 ·

'안전 기지'는 폭풍우가 휘몰아치는 위험에서도 안심하고 내 몸을 맡길 수 있는 안식처와 같은 곳이다. 애착 이론의 창시자인 존 볼비(John Bowlby)는 엄마의 품을 대표적인 안전 기지로 설명하며, 스트레스 상황에서 언제든지 돌아올 수 있는 곳으로 묘사했다.[1] 이 안전 기지의 특성은 아이가 충분히 안정되면 오히려 바깥세상을 향하여 탐색 체계를 활성화시킨다는 데 있다. 그렇게 아이는 바깥세상을 탐색하다가 위험을 느끼면, 다시 안전 기지로 돌아온다. 이때, 안전 기지의 역할은 언제나 아이를 환영하며 아이의 능력을 격려하는 것이다. 실수해도 괜찮다고 해 주고, 성취하고 싶은 것이 있다면 작은 단위로 쪼개어 도전하면서 작은 성취감이 쌓이도록 도와주어야 한다. 이제 안전해진 아이는 다시 바깥세상을 향해 도전한다.

> 아이는 안전하다고 느끼면 위험을 감수하고 질문을 던지며
> 실수하고 신뢰하는 법을 배우고 감정을 공유하며 성장한다.
> _알피 콘(Alfie Kohn)

부모가 아이의 안전 기지가 되어 주기 위해서는 자신이 먼저 안전 기지를 경험하여 그것을 아이에게 전해 줄 수 있어야 한다. 그렇다면 우리의 안전 기지는 어디에 있는가? 우리는 어떠한 안전 기지를 경험했는가? 죽을 것같이 힘들고 괴로울 때마

다 우리가 안긴 곳은 바로 하나님 아버지의 품이었다. 그 품은 우리에게 "힘들면 언제나 안전한 나에게 와. 넌 충분히 가치 있어"라고 말하며 안전 기지가 되어 주었다.

시편에 담긴 다윗의 고백들을 보면, 하나님을 향해 자신의 괴로움을 토로하다가도 어김없이 "주는 나의 산성"(시 31:4)이라거나 "주는 나의 피난처"(시 61:3;142:5)라고 찬양하며 마무리하는 것을 볼 수 있다. 도망자 시절 다윗의 삶을 생각해 보라. 자신을 에워싼 불안 속에서 여호와의 품이 아니었다면, 그 고비들을 어떻게 넘겼겠는가.

다윗의 시 중에서도 특히 시편 23편은 하나님의 안전 기지를 눈에 그리듯 선명하게 보여 준다. 시편 23편의 "푸른 풀밭, 쉴 만한 물가"를 그림을 그리듯 상상해 보자. 나를 편안히 감싸는 파릇한 풀잎들, 생기가 도는 촉촉한 이슬방울들과 "사망의 음침한 골짜기"가 나를 에워싸도 "지팡이와 막대기"로 나를 보호해 주시고, 어떤 불안이 닥쳐와도 "내 영혼을 소생"시키시는 든든한 목자의 모습을 떠올려 보자. 이곳이 바로 평생 내가 살 곳이다. 하나님이 우리에게 가르쳐 주신 안전 기지다.

아이가 불안해할 때, 그보다도 내가 더 불안할 때마다 우리가 받은 이 영적 안전 기지를 기억하자. 그 기억 그대로, 우리가 받은 그대로 우리 자신이 아이에게 안전 기지가 되어 주면 된다.

내가 평안히 눕고 자기도 하리니 나를 안전히 살게 하시는 이
는 오직 여호와이시니이다 _시 4:8

성장을 위한 Tip

아이와 그림으로 대화하기

아이를 키우다 보면 아이가 그린 그림을 놓고 함께 이야기를 나눌 때가 있다. 물론, 아이의 연령에 따라 다른 접근이 필요하겠지만, 아이와 그림에 관한 이야기를 나눌 때 유용한 몇 가지 공통 사항을 소개한다.

1. 결과보다 과정을!

아이가 그림 그리는 과정을 주의 깊게 살펴보면, 아이가 무엇을 중요하게 여기고, 무엇을 원하는지를 알 수 있다. 아이가 무엇을 먼저 그리고, 무엇을 크게 그리는지, 무엇을 그릴 때 손이 더 많이 가며, 무엇을 강조하는지 살펴보자. 아이가 중요하게 여기는 것이 때로는 좋아하는 대상이어서가 아니라 두렵거나 불안한 대상이어서일 수도 있다. 또 때로는 어떤 충족감을 얻기 위한 행동을 반복하기도 한다. 예를 들어, 갈겨 그리기를 하는 팔 동작 자체가 즐거워 팔 움직임을 반복하며 그리는 것이다. 이렇게 찾아낸 '아이에게 중요한 그 무엇'을 알아봐 주고, 아이가 그것에 관해 이야기할 수 있게 해 주

면 된다. 또한 부모가 그림 그리는 과정을 중요하게 보아 주면, 아이도 결과에만 매이는 것이 아니라 과정의 가치를 배울 수 있다.

2. 네 그림에 제목을 붙여 볼래?

아이의 그림을 섣불리 판단하지 않고, 아이 마음에 다가갈 수 있는 좋은 방법이 바로 '제목 붙이기'다. 아이에게 "이거 뭐야?", "이건 왜 그렸어?"라는 질문을 퍼부으면, 오히려 아이들은 자신의 표현이 무언가 잘못되었다고 생각하기 쉽다. 우리도 "왜"라는 질문에 난감할 때가 얼마나 많은가? 대신 아이의 표현이 궁금하고, 잘 이해가 안 될 때는 형용사와 명사로 제목을 붙이게끔 안내해 보자. "○○한 ○○"로 제목 붙이기를 해 보면, 아이도 자신의 그림에 어울리는 제목을 찾기 위해 자신의 그림을 곰곰이 생각하며 정리하게 된다. 부모 또한 그림 속에 담긴 아이의 마음 찾기에 도움을 받을 수 있을 것이다.

3. 그림의 주인공이 되어 볼래?

아이와 그림으로 대화할 때, '잘 그렸다, 못 그렸다' 등의 칭찬이나 평가는 중요하지 않다. 그 대신, 그림 속에 등장하는 중요한 소재를 중심으로 아이와 은유적인 대화를 나누어 보자. 만약에 아이가 고래를 주인공으로 그렸다면, 아이에게 고래가 되어 이야기해 보자고 제안하는 것이다. 학령기의 아이들에게는 내가 그것이 되어 말하는 것처럼 글로 적어 보라고 할 수도 있다. 이야기를 듣는 부모도 "고래가 바다를 좋아하는구나. 고래가 어떻게 되었는지 궁금하네" 하는 식으로 은유적 대화를 이어 가면 된다. 아이들은 직접적으로 설명하거나 표현하는 것을 어려워하지만, 특히 상징 능력이 발달하는 유아기에는 은유적 대화가 도움이 될 것이다.

03

그림으로 드러나는 가족의 민낯

가족 그림은 아이가 가족을 어떻게 느끼는지, 가족 사이에서 자신의 위치를 어떻게 여기고 있는지 알기 위한 정말 좋은 자료다. 아이들이 만들어 낸 가족 이미지에는 "너희 가족에 관해 설명해 주겠니?"라는 단순한 질문으로는 알 수 없는 그 아이의 다양한 감정이 담겨 있다. 아이들의 가족 그림은 때때로 너무 노골적이어서 그 가족에게 보여 주기 어려운 경우도 더러 있다.

오래전에 만났던 아이, 승이의 가족화도 그랬다. 승이의 부모는 가족화를 보며 당황함을 감추지 못했고, 내용을 듣던 승이의 아버지는 상담 중 갑자기 자리를 박차고 나가 사라졌다. 그 자리에 남아 있던 아이의 어머니도 나도 너무 놀라서 한동안 말을 잊지 못했다. 그 당시엔 황당했지만, 얼마나 무안했으면 그랬을까 싶다.

승이는 초등학교에 갓 입학한 8살 남자아이였다. 갓 돌 지난 승이의 동생을 키우고 있던 어머니는 승이가 자신을 너무 힘들게 한다고 호소했다. 하루는 승이에게 동생의 분유를 사러 다녀올 테니 동생을 잠깐 보고 있으라고 했단다. 분유를 사서 돌아온 어머니는 자신의 눈을 의심할 정도로 놀랐는데, 그 이유는 승이가 아직 아가인 동생의 목에 무거운 책을 올려놓아서 아가가 자지러지게 울고 있는 장면을 목격했기 때문이다. 그런데 승이는 태연하게 "동생이 책 읽어 달라고 해서 그랬지"라며 싱긋 웃어 보이기까지 했단다. 승이의 이런 엉뚱하고 과장된 행동 때문에, 어머니는 아들이 무섭기도 하고 미운 마음마저 든다고 했다.

· '자연스러운 생략'이 보여 주는 진실 ·

이제 승이의 가족화를 살펴보자. 승이가 그린 가족화는 보고 또 보아도 웃음이 피식피식 새어 나오는 재미난 그림이다. 승이가 제일 먼저 그린 것은 리모컨을 들고 있는 아버지였다. 아버지가 공부하라고 시켜서 자기는 눈 동그랗게 뜨고 공부하고 있는데, 아버지는 리모컨을 들고 텔레비전을 보고 있다는 내용이다. 아버지와 등을 진 채 앉아 있는 승이의 모습은 아버지로부터 단절되어 보이고, 아버지의 리모컨은 아이의 머리보다 크게 그려져 거대해 보이기까지 하다. 리모컨(remote control)은 원격 조종을 뜻하며, 내가 직접 움직이지 않고도 대상을 원하는 대로 조종할 수 있게 하는 장치다. 승이는 아버지가 자신의 마음은 몰라주면서 일방적으로 강요만 하는 것 같아, 그 원망과 불만을 리모컨 든 아버지 그림에 가득 담아 표현하고 있다.

그러면 승이의 다른 가족들은 어디에 있을까? 승이는 왼쪽

위에 있는 문을 가리키며 엄마와 동생은 그 안에 있다고 말했다. 이것은 가족화에서 흔히 볼 수 있는 '자연스러운 생략'이다. 자연스러운 생략은 그 존재를 인정하고 싶지 않은 무의식적 태도를 반영한 경우가 많다. 승이는 늘 동생만 돌보는 엄마와 엄마를 독차지하는 동생의 존재를 문 저편으로 보내 버렸다.

그림 속의 승이는 뭔가 억울해 보였다. 아니, 더 정확히는 몹시 외로워 보였다. 엄마는 늘 어린 동생만 신경 쓰고 있고, 자신을 좋아하는 것 같지도 않다. 더군다나 아버지는 리모컨을 든 채 자신에게 명령만 하는 사람으로 느껴진다고 생각해 보라. 속마음은 사실 외로웠던 것인데, 아이는 외롭다는 말 대신 말썽 피우는 행동으로 소리치고 있었다.

때때로 승이처럼 엉뚱한 행동을 하거나 끊임없이 질문을 던지거나 과장된 몸짓을 보이는 등 관심 끌기 행동을 보이는 아이들이 있다. 이것은 정서적 방임과 결핍의 결과다. 관심 끌기 행동은 무의식적이더라도 목적이 있는 행동이고, 원하는 관심을 받게 되면, 그 행동은 더 강화되기 마련이다. 그러나 적절하고 긍정적인 반응을 끌어내진 못하기 때문에 아이는 부정적인 자아상과 불안감에 휩싸이게 되는데, 좀처럼 이 패턴을 벗어나지 못한다. 그렇게라도 대상과의 상호적 경험을 해 보고 싶기 때문이다.

무엇보다도 승이와 같은 아이들에게 절실히 필요한 것은 바로 건강한 대상과의 접촉 경험이다. 이야기를 들어주고 관심 있는 주제의 놀이를 함께해 주는 사람, 미운 행동으로 관심 끄는 방법만 알고 있던 아이에게 원하는 것을 적절하게 요청하는 방법을 알려 주고 반응해 주는 사람, 그런 사람과 만나 봐야 한다. 그래야 자신의 존재감을 느끼고, 자신을 봐 달라는 외침을 멈출 수 있다. 승이에게는 그런 사람이 필요했다.

나는 부모님이 그런 사람이 되어 주길 바랐다. 그래서 승이 부모님에게 승이가 느끼고 있던 외로움과 결핍에 관해 설명하며 아이를 안쓰럽게 여겨 주길 기대했지만, 승이 어머니로부터 돌아온 것은 자신은 체력적으로 너무 지쳐서 승이를 돌볼 시간도 여유도 없다는 대답뿐이었다. 삶에 지친 어머니의 마음속을 들여다보니, 거기에는 회사 일로 바빠 자신에게도 육아에도 무심하던 남편에 대한 원망이 자리 잡고 있었다. 건강한 대상이 필요한 것은 승이만이 아니었다. 외로운 승이 어머니에게도 정서적 돌봄이 필요했던 것이다.

감사하게도 승이 가족은 승이의 가족화를 시작으로 부부 상담을 진행하게 되었고, 승이 어머니는 몸의 여유가 아닌 마음의 여유가 없었다는 것을 알게 되었다. 그제야 어머니가 말했다.

"신기해요. 요즘은 승이가 예뻐요."

· 상처받은 코끼리 ·

   10살 원이의 가족은 어머니, 아버지, 15살인 누나까지 모두 네 식구다. 원이는 가족화를 그릴 때 누나, 아버지, 자신, 어머니의 순서대로 그렸는데, 그림 왼쪽에서부터 보이는 순서(누나-원이-아버지-어머니)와 다른 이유는 이 그림에 이야기가 담겨 있기 때문이다.

   원이의 설명에 따르면, 이것은 누나가 무언가 잘못해서 도망가고 있는 장면을 그린 그림이다. 아버지가 화가 나서 누나를 향해 "당장 와"라고 소리치며 물건을 던지고 있지만, 정작 누나는 윙크하며 도망가고 있다. 그런데 황당하게도 아버지가 던진

물건에 맞는 사람은 그 사이에 있던 원이다. 이 순간, 원이의 어머니는 "피해"라고 말하며 몸을 돌려 반대 방향으로 피하고 있다. 원이의 말 주머니의 글자를 알아볼 수가 없어서 물어보니, "뒈져"라고 적었다고 답했다.

원이의 그림을 좀 더 자세히 들여다보자. 원이는 자기 모습은 전체적으로 온전히 그리면서도 아버지는 눈동자도 발도 없이 넥타이로만 특징지어 그렸다. 원이가 가진 아버지에 대한 부정적 이미지가 반영되었음을 알 수 있다. 게다가 어머니는 피하라고 소리치지만, 다른 방향을 향해서 가고 있다. 이 가족의 상황을 오롯이 받아 내고 있는 것은 원이 하나뿐이었다. 원이의 말처럼 혼자 뒈져야 하는 가슴 아픈 이야기였다.

학교에서 원이의 별명은 두 개였다. 하나는 '헐크'였고, 다른 하나는 '영감'이었다. 헐크는 평상시엔 조용하다가 화가 나면 순간적으로 헐크처럼 변해서 붙여진 별명이고, 영감은 애 늙은이 같다고 붙여진 별명이라고 한다. 원이의 조절되지 않은 화는 어쩌면 당연한 결과인지 모른다. 이유 없이 폭력 상황에 계속 놓여 왔고, 아무에게서도 도움을 받지 못한 채 혼자 감내해 왔기 때문이다.

가족화 말고도 지금까지 생생하게 기억나는 원이의 작품이 하나 더 있다. 하루는 말없이 점토를 열심히 치면서 두드리더니 몸통 없이 코끼리 머리만 만들었다. 그러고는 앞에 놓여 있던 클립들을 하나하나 손으로 펴더니 코끼리 얼굴에 가득 꽂았다. 코끼리에 얽힌 이야기가 궁금하여 원이에게 작품의 제목을 물으니, "창에 맞아 목이 잘린 코끼리"라고 대답했다. 그제야 코끼리의 눈이 왜 감겨 있는지 이해되면서 가슴이 아려 왔다. 구부러진 철사 같은 클립을 작은 손으로 하나하나 폈던 이유가 창을 만들기 위해서라니…. 나는 "코끼리가 많이 아팠겠구나" 하고 말해 주었다.

아이는 자신이 만든 코끼리가 또 다른 자신의 모습이라는 생각은 하지 못했을 것이다. 그래도 우리는 코끼리를 안아 주고 쓰다듬어 줄 수 있다. 원이에게 코끼리가 너무 아프면 창을 빼 주어도 된다고 했더니, "나중에요"라고 대답했다. 원이가 만든 코끼리는 언젠가 대공원에서 봤던 거대하지만 힘없어 보이던 코끼리를 생각나게 했다. 본래 초원을 누비고 다녀야 할 거대하고 자유로운 코끼리가 자기 몸을 잃고 울고 있는 것만 같아 내내 마음이 쓰였다.

사실, 원이는 아버지에게서 신체적 학대를 받아 오던 상태였다. 그것은 가족의 오랜 비밀이라 외부인은 누구도 원이 가족의 폭력 상황을 알 수 없었다. 그러나 상담 중에 노출된 신체 학대의 흔적과 원이의 그림 덕분에 결국 이 가족의 민낯이 드러나게 되었다. 다행히 원이네 가족은 학대 관련 기관의 관리를 받을 수 있게 되었고, 아버지의 알코올 중독을 치료할 병원까지 연결되었다.

이 과정에서 원이 아버지를 만나 그의 이야기를 들을 기회가 있었는데, 만나 보니 아버지는 아동 학대 가해자인 동시에 폭력 가정에서 자란 피해자이기도 했다. 어린 시절, 그의 어머니는 매일 교회에 가서 살다시피 했다고 한다. 늘 화가 나 있던 외로운 소년은 결국 16살에 집을 뛰쳐나와 갖은 고생을 해야 했고, 해가 지면 술 없이는 견딜 수 없는 삶을 살아왔다고 고백했다. 매일 '오늘은 술을 마시지 말아야지' 하고 다짐하지만, 어두워지기 시작하면 너무 외로워서 술을 다시 찾게 되곤 했다며 고개를 숙였다. 그 순간, 내 앞에 앉은 원이 아버지는 그저 16살 소년이었다. 16살 소년의 시간은 집을 뛰쳐나온 그날부터 지금까지 해결되지 않은 채 멈추어 서 있었다. 원이나 가족이나 모두 상처받아 울고 있는 코끼리였던 것이다.

• 부모가 아이에게 상처를 주는 이유 •

아비들아 너희 자녀를 노엽게 하지 말지니 낙심할까 함이라
_골 3:21

주님은 분명 "자녀를 노엽게 하지 말라"고 하셨는데, 부모로부터 상처받는 아이들이 왜 이리 많을까? 상처받은 아이들 뒤엔 늘 상처투성이의 부모들이 있다. 오랫동안 묵혀 온 가족의 상처와 외로움이 자기도 의식하지 못한 채 서로를 찌르고 있다. 이것은 상처가 너무 깊다 보니 이해받고 위로받고 싶은 욕망이 가시로 변하여 뚫고 나온 탓이다. 그 희생양은 대부분 힘없는 어린 자녀들이다. 자녀들은 부모를 사랑하고, 또 사랑받고 싶은 마음에 부모의 가시를 온몸으로 받아 낸다.

부모가 아이에게 함부로 상처를 주는 이유는 자녀를 내 것인 양 착각하기 때문이다. 머릿속에서나 입술로는 "자녀는 하나님의 소유"라고 말하면서도 마음속 깊은 곳에선 '내가 낳은 내 아이니까, 내가 보호자니까 내 마음대로 해도 된다'는 생각이 숨어 있다. 그러다 보니 자녀가 보호자인 내 말을 잘 듣고, 내 맘 같이 움직여 주길 바란다. 이러한 바람 뒤에는 "내가 낳은 아이는 내 아이"라는 소유욕이 얼굴을 숨기고 있는 경우가 많다. 결국, 부모는 내 맘 같지 않은 아이를 부족하게 여기며 함부로 대하거나 반대로 지나치게 기대하면서 자기 욕심을 채워 주길 바라게 된다. 이것이 자녀를 노엽게 하고, 낙심하게까지 만드는 쓴 뿌리의 악순환 패턴이다.

내가 부모로서 받은 훈련 중 제일 어려운 것이 바로 욕심을 버리는 것이었다. 이것은 아이를 위한 것이라는 이름으로 포장되어 있어 알아차리기도 어려운 욕심이다. 내 맘과 뜻대로 움직여 주지 않는 아이를 키우면, 처음엔 그냥 화가 나다가 화를 내도 소용없다는 것을 알게 되면 점차 고통스러움을 느끼게 된다. 그런데 그 고통마저도 어떻게 할 수 없다는 것을 알게 되면, 그제야 두 손을 들고 "주님의 자녀이니 주님이 어떻게든 키워 주세요"라고 내놓게 된다. 욕심 많고, 고집도 센 나를 하나님은 그렇게 훈련시키셨다.

그 훈련 과정에서 자주 떠올리던 두 이야기가 있는데, 하나는 아브라함의 이야기이고, 다른 하나는 유아 세례에 관한 것이었다. 특히 아브라함에게 이삭을 주셨던 하나님이 아이를 번제물로 바치라고 하시는 장면은, 부모가 되어 읽으면 이전과는 사뭇 다르게 와닿는 말씀이다. 왜 여호와 하나님은 아브라함에게 그의 사랑하는 자녀를 다시 바치라고 말씀하셨을까? 이삭을 주신 분도 이삭을 받으실 분도 하나님임을 알려 주시기 위함이 아닐까? 하나님은 아브라함을 통해 자녀의 소유가 부모에게 있지 않음을 분명히 말씀하고 계시다.

보라 자식들은 여호와의 기업이요 _시 127:3상

유아 세례에 관한 이야기도 마찬가지다. 예전에 아들의 유아 세례식 날, 목사님에게서 인상 깊게 들었던 말씀인데, 유아 세례는 아이를 위한 의식이기는 하지만 알고 보면 오히려 부모를 위한 의식이라는 메시지였다. 단순히 어린 아가에게 주는 세례를 말하는 것이 아니라, 부모가 "이 자녀를 주님께 올려 드립니다"라고 고백하는 의식이 바로 유아 세례라는 것이다. 즉 유아 세례는 "이 아이는 내 것이 아니라 주님의 것입니다"라는 신앙 고백을 하는 순간이라고 할 수 있다.

이 고백이 신앙적 자녀 양육의 시작이다. 우리는 욕심 많고 너무 잘 까먹으니 오늘도 내일도 매일매일 고백하자.

"주님, 이 아이는 내 것이 아닙니다. 주님의 소유이니 주님께 올려 드립니다."

04

너무 사랑해서 불안한 마음

　선이와 선이 어머니는 굳은 얼굴을 한 채 내 앞에 앉아 있었다. 15살 선이는 이미 엄마와 한바탕 다투고 끌려오다시피 상담실을 찾아왔다. 당연히 눈도 안 맞추고, 말도 안 할 기세였다.
　나는 선이와 어머니에게 말 한마디 안 해도 이 시간을 잘 보낼 수 있다고 말해 주고는 도화지 한 장을 내밀었다. 두 사람이 말 대신 간단한 그림을 한 번씩 주고받아 보자고 하고, 각자 색을 골라 보라고 했다.
　어머니가 먼저 빨간색 크레파스를, 선이가 파란색 크레파스를 선택했다. 어색한 분위기가 감돌자 내가 "선이야. 무엇이든 괜찮으니 네가 먼저 시작해 볼까?"라고 말을 꺼냈다. 선이는 모든 게 귀찮다는 듯이 도화지 한가운데에 동그라미를 하나 재빨리 그리곤 끝냈다. 선이의 그림을 이어받은 어머니는 선이의 동그라미를 둘러싼 동그라미 하나를 덧붙였다.

• 엄마, 숨 막혀요. 제발! •

선이가 그림을 그리면 이어서 어머니가 그 종이에 그림을 추가해 가며 상담을 진행했다. 다음 1번부터 8번까지의 그림은 두 사람이 번갈아 가며 그려 나갔던 그림을 순서대로 나열한 것이다.

1. 선이(딸)

2. 어머니

3. 선이

4. 어머니

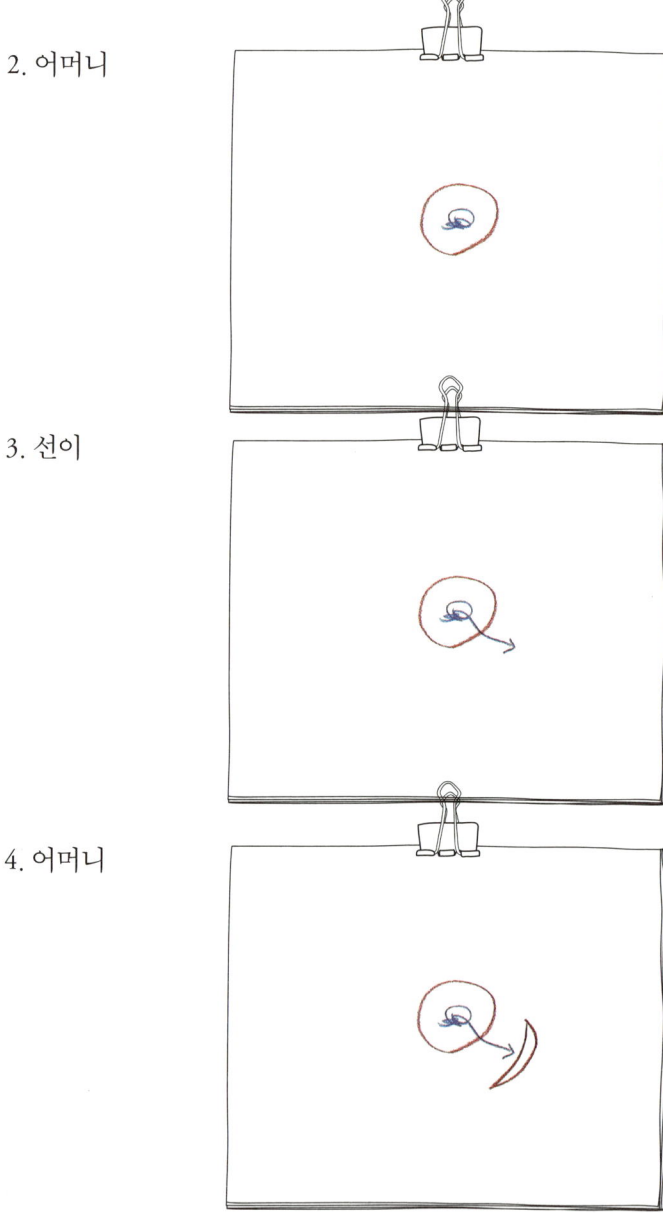

5. 선이

6. 어머니

7. 선이

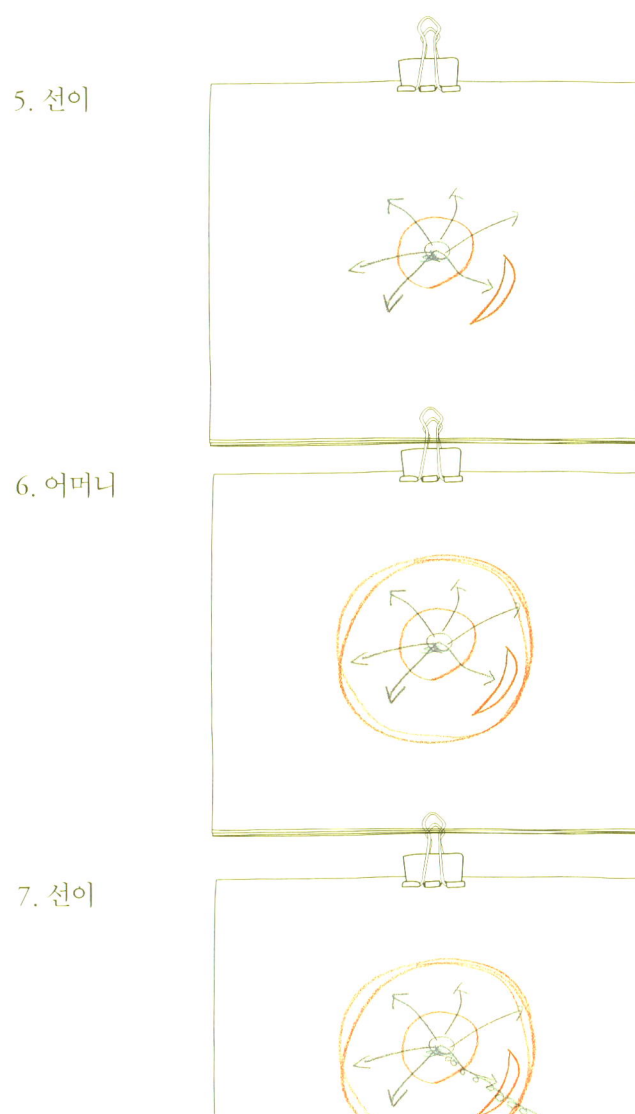

8. 어머니

마지막 8번은 어머니가 파란 화살표를 따라가는 작은 하트를 그린 후 가운데 커다란 하트를 덧붙여 그린 것이다. 그다음 무슨 일이 벌어졌을까? 자기 차례가 된 선이가 그림을 그리는 대신에 씩씩거리며 도화지를 들고 갈기갈기 찢어 버리는 것이 아닌가. 어머니가 놀라서 아이를 쳐다보는데, 선이의 눈엔 애써 참고 있던 눈물이 그렁그렁 맺혀 있었다.

　이 재밌기도 하고 슬프기도 한 광경 앞에서, 나는 모녀에게 어떤 마음으로 그림을 그렸는지 물었다. 그런데 선이가 울음을 그치지 않아서 내가 그림을 보면서 느낀 선이의 마음을 대신 말해 볼 테니, 내가 잘못 말하면 "그건 아니에요"라고 말해 달라고 했다.

　"선생님이 만약 선이였다면, 엄마의 동그라미가 답답했을 것 같아. 그래서 밖으로 나가려고 했는데, 그때마다 엄마가 막아서는 것 같고, 결국은 구석으로 도망갔더니 거기까지 달려오는 엄마에게 화가 났을 것 같아. 숨 막히니까…."

　선이는 내가 한마디 할 때마다 연신 고개를 끄떡였다. 옆에서 이야기를 듣던 선이 어머니가 "억울해요. 전 정말 그런 뜻이 아니었는데…"라며 나를 원망의 눈빛으로 쳐다보았다. 이젠 엄마가 울음을 터뜨릴 기세다.

　"그럼요. 어머니 이야기도 들어야죠. 어떤 점이 제일 억울하세요?"

　사실, 선이는 두 번째 가출 후에 붙잡혀 온 아이였다. 선이는 엄마가 사사건건 간섭하는 것이 싫고, 자신을 못 미더워하며 조목조목 잔소리하는 엄마가 짜증 난다고 했다. 어머니는 그렇게 집을 뛰쳐나간 딸을 찾아 데려오면서도 아이를 이해하지는 못했다. 아이가 반항할수록 엄마 눈엔 딸이 문제투성이로만 보였고, 아이는 언제나 보호하고 지켜 주어야 할 대상이었다. 선이 어머니는 자신의 그림이 "네가 어디로 가든 엄마는 널 포기하지 않고, 끝까지 사랑할 거야"라는 뜻이라고 설명하였다. 이것은 누가 뭐래도 '엄마의 진심'이다.

그러나 여기에는 슬픈 함정이 있다. 그 진심 어린 사랑을 엄마는 아는데, 딸은 모른다는 사실이다. 단지 아이가 철이 없어서일까? 아니다. 엄마가 사랑을 사랑답게 표현하지 못해서다. 사랑을 사랑처럼 표현해야 하는데, 사랑을 못된 말로 때로는 불안한 마음으로 표현했기 때문이다. 엄마의 비난과 잔소리가 사실은 사랑의 언어라는 걸 깨닫기 전까지는 포기를 모르는 엄마의 사랑이 선이에게는 답답하기만 하다. 선이 어머니의 "끝까지" 포기하지 않겠다는 말이 집착처럼 들리는 것은 엄마가 불안해서 아이를 붙들고 있기 때문이었다.

· 자녀라는 우상 ·

어릴 때 엄마 껌딱지 같았던 아이, 마냥 어리게만 보였던 아이가 어느 날 갑자기 낯설게 보일 때가 있다. 아이가 언젠가부터 문을 걸어 잠그고, 매사에 뭐가 불만인지 짜증 섞인 소리만

날리기 시작하면, 부모는 '드디어 올 것이 왔나' 하고 공포심까지 느낀다. 예전에 한 초등학교 선생님이 했던 말이 있다.

"5학년 1학기의 아이들과 2학기의 아이들은 눈빛부터가 완전히 다른 아이들이에요. 여름방학 동안 도대체 무슨 일이 있었나 궁금할 정도라니까요."

이 말은 아이들의 사춘기 변화가 얼마나 급작스럽게 찾아오는지를 잘 보여 준다.

갑작스러운 신체 변화와 감정 기복에 놀라는 것은 아이도 마찬가지다. 아이조차도 자신이 낯설게 느껴질 정도로 껑충껑충 크고 있는 그때, 부모는 그 속도를 따라가기가 너무나 힘들다는 것이 문제다.

초등학교 1학년의 엄마는 초등학교 1학년 수준이고, 고등학생 엄마는 고등학생 수준이라는 재밌는 말이 있다. 아이가 커 갈 때는 부모도 발맞추어 함께 커 가야 한다. 아이가 청소년이 되면, 그에 걸맞게 부모도 커 가야 하는데, 부모가 아직도 어린아이 수준에 머물러 있으면 청소년 자녀를 어린아이처럼 대할 수밖에 없다. 여전히 뭐든지 도와주고, 좋은 것을 제시해 주며 간섭하는 것으로 사랑을 표현한다. 아이가 선택하는 것들은 다 못 미덥고, 책임지기에는 아이가 아직 뭘 모른다는 생각이 드니 아이의 생활 전반을 통제하기 바쁠 수밖에 없다.

부모의 과보호와 통제적인 사랑 속에서 자란 아이들은 쉽게 반항적으로 되거나 자발성이 낮은 모습을 보이게 된다. 원인은 아이가 스스로 해낼 수 있다는 것을 부모가 믿어 주지 못해서다. 아이들에게도 하나님이 인간에게 허락하신 '자유 의지'가 있기에 선택할 기회가 주어지지 않으면, 좌절하고 화가 나기 마련이다. 또 스스로 해 본 경험이 부족한 탓에 자유 의지를 발휘하기도 어렵다.

부모는 사랑이라고 하는데, 아이는 사랑으로 못 느끼는 이 어긋난 사랑은 대부분 아이를 잘 키워야 한다는 부모의 과한 책임감에서 오는 불안에 기인한다. 아이가 어리면 어린 대로, 크면 큰 대로 그 나름의 어려움과 불안은 늘 따라온다. 우리는 왜 아이를 두고 이렇게 불안해할까? 불안에 관한 학자들의 정의와 이론은 수없이 많겠지만, 결국 내 아이가 불안한 이유는 한마디로 말하면 내가 아이를 너무 사랑해서다. 너무 사랑해서 조금도 나쁜 일이 생기지 않았으면 좋겠고, 사사건건 간섭해서라도 좋은 길로 가게 해 주고 싶은 마음이 불안을 만들어 낸다. 더군다나 부모가 처음인 우리에게(아이가 여럿이어도 매번 늘 처음이다. 둘째 아이도 셋째 아이도 처음이니까) 양육은 늘 예측 불가능한 상황의 연속이다.

그러니 어떻게 해야 이 불안을 해결할 수 있을까? ==먼저, 아이를 너무 사랑하는 나의 마음을 점검하는 것이 필요하다.== 나 스스로에게 질문해 보자.

"나는 왜 이렇게 아이에게 목을 맬까? 어쩌다 아이가 내 삶의 가장 무거운 십자가가 되었을까?"

이 질문에 대한 답을 고르다 보면, 내가 하나님보다 내 아이를 더 사랑하고 있는 건 아닌가 하고 덜컥 겁이 나기 시작한다.

우리는 자녀가 우상이 되기에 딱 좋은 불안한 시대에 살고 있다. 아이에게 해 주어야 할 것이 많고, 부모가 조금만 방심해도 아이가 뒤처질 수 있는 불안한 시대를 살다 보니, 아이가 모든 면에서 우선이 된다. 그러나 모든 것이 시대 탓만은 아닐 것이다. 아이가 나에게 우상이 되는 이유는 혹시 내가 아이에게서 행복을 찾고 있기 때문은 아닐까? 아이의 삶에서 내가 주인공이 되고 싶고, 아이가 잘되면 내가 행복해질 것 같은 마음이 들어서가 아닐까.

심리학에서는 이런 마음을 가리켜 '동일시'라고 한다. 동일시는 불안할 때 발휘되는 방어 기제 중 하나인데, 자녀가 밥 먹는 것을 보며 내 배가 부르다고 말하는 것이 좋은 사례다. 이 얼마나 무서운 착각인가? 이제는 아이를 통해서만 행복해질 수 있다는 착각은 그만하자. 자녀라는 우상을 내려놓고, 내 삶의 주인 자리에 다시 하나님을 모셔야 한다.

그다음은 불안과 친해지는 법을 배우는 것이다. 황당하게 들릴 수도 있겠지만, 인지 행동 치료 분야에서는 이미 오래전부터 처방되어 온 비법이다. 이것은 '아이를 키우는 일은 불안함의 연속일 수밖에 없지만, 불안해하는 자신을 너무 걱정하지 말자'는 뜻도 있지만, 내가 정말로 하고 싶은 말은 이 불안을 은혜로 보는 관점을 가지라는 것이다.

돌아보면, 내가 아이를 키우면서 겪은 괴로움과 불안이 나의 믿음을 성장시켰다는 것은 단연코 사실이다. 아이를 키우는 과정은 내 밑바닥에 숨어 있던 온갖 두려움과 불안을 들키는 과정이었다. 오랫동안 애써 숨겨 온 것을 들켜 본 적이 있는가? 어디로든 도망가고 싶고, 내 것이 아니라고 부인하고 싶어진다.

그런데 아이를 키우다가 맞닥뜨리는 이 들킴이야말로 하나님이 우리에게 부어 주시는 축복이다. 불안의 실체가 무엇인지 꼼꼼히 들여다보면, 그곳에서 하나님이 숨겨 놓으신 문제 해결의 열쇠를 발견하게 될 것이다. '아, 내가 두려워하던 게 바로 이것이구나, 하나님이 만져 주고 싶어 하신 부분이 이것이구나, 이렇게까지 날 사랑하시는구나' 하고 깨닫게 된다. 이 고통의 시간은 내가 부모로서 단단해지는 시간이고, 아버지 앞에 나를 내려놓고 고침받을 수 있는 축복의 시간이다.

무릇 징계가 당시에는 즐거워 보이지 않고 슬퍼 보이나 후에

그로 말미암아 연단 받은 자들은 의와 평강의 열매를 맺느니라 _ 히 12:11

성장을 위한 Tip

양육 태도에 따른 네 가지 부모 유형

나는 어떤 부모일까?

자녀가 행복하게 자라길 바라는 마음은 모든 부모가 한결같지만, 자녀를 대하는 부모의 양육 태도는 다 다르다. 발달 심리학자 바움린드(Baumrind)는 부모의 자애로움과 통제성을 기준으로 부모의 양육 태도를 네 가지로 분류했다. 내가 어떤 부모인지를 이해하기 위해서, 양육 태도에 따라 부모의 이름이 어떻게 달라지는지를 살펴보자.

1. 권위적인 부모(높은 자애로움, 높은 통제)

권위적인 부모는 자녀를 향한 애정과 지지로 훈육하며, 일관성 있게 지시하고 통제하는 부모다. 부모의 말에 따라야 하는 이유를 자녀에게 충분히 설명하며, 자녀의 의견에도 귀 기울여 준다. 권위적인 부모는 자녀가 자기 능력에 맞추어 성취해 갈 수 있도록 책임감과 독립심을 권장한다.

'권위적인'이라는 표현을 오해하여, 무섭고 일방적인 부모로 생각하

기 쉬운데, 권위적인 부모의 표상은 바로 하나님이다. 하나님은 자비와 인자가 크시고, 때로는 우리를 엄격하게 훈련시키시는 참부모가 되신다. 우리는 그 권위 앞에 존경과 사랑으로 나아가는 자녀들이다. 이것이 하나님이 우리에게 보여 주신 부모와 자녀의 관계이지만, 최근 권위를 잃고 자녀에게 상처받는 부모가 많아져서 안타깝다. 자녀를 잘 키우기 위해서는 하나님이 우리에게 보여 주신 자애로움과 통제의 힘, 두 가지가 모두 필요하다.

예를 들어, 아이가 남의 물건을 허락 없이 가져왔을 때, 권위적인 부모는 아이에게 이 물건은 네 것이 아니니 돌려주어야 한다고 가르친다. 동시에 혹시 아이가 정서적으로 결핍되었거나 특별한 돌봄이 필요하지는 않은지 살핀다. 이때 아이를 도둑으로 몰아세우며 경찰서에 가자고 협박하거나 다그쳐서 수치심을 주어서는 안 된다. 이것이 자애로움과 통제의 힘을 다 쓸 수 있는 부모다.

2. 독재적인 부모(낮은 자애로움, 높은 통제)

독재적인 부모는 부모 중심의 절대적인 기준에 따라 자녀를 통제하는 부모다. 부모의 말을 따라야 하는 이유를 합리적으로 설명해 주지 않아, 자녀는 그 기준을 왜 따라야 하는지를 잘 모르고, 감히 부모에게 도전할 수도 없다.

이 유형의 부모는 자녀가 부모의 말에 순종하는 것에 초점을 두는 세력 중심의 훈육을 선호하고, 자녀와 충분한 대화를 나누지 않는다. 또한 자녀가 자신의 통제를 벗어나 잘못될 것에 대한 두려움으로 더 엄격하게 통제하는 경우가 많다. 결국, 부모의 통제 욕구가 지나친 간섭과 처벌로 나타나게 된다.

예를 들어, 아이가 남의 물건을 허락 없이 가져왔을 때, 독재적인 부모는 아이에게 가르치는 것이 아니라 화부터 낸다. 아이에게 솔직하게 말하라고 다그치며, 경찰서에 가서 처벌을 받아야 하는 도둑임을 강조하여 아이를 두렵게 만든다. 독재적인 부모는 아이가 무엇을 잘못한 것인지 설명하기보다 이 상황에 대한 두려운 기억을 갖도록 벌을 주거나 수치심을 주는 유형이다. 그래서 독재적인 부모의 자녀는 예민하고 불안하며, 우울한 경향성을 보인다.

독재적인 부모에서 벗어나는 방법은 아이에게 다른 사람의 물건은 주인의 동의를 얻은 후 가져오는 것이라고 알려 주고, 물건을 다시 돌려주어야 한다고 단호하게 말하되 상처를 주지 않도록 노력하는 것이다. 이때 아이를 도둑으로 몰아세우며 경찰서에 가자고 협박하거나 다그쳐서 수치심을 주어서는 안 된다. 그리고 아이와 대화할 수 있는 시간을 늘리고, 아이가 어떤 마음이었는지를 살펴야 한다. 하나님이 독재적인 부모이셨다면, 죄 많은 우리는 매일 혼나기만 하고 살았을 것이다. 잘못할 때마다 매를 맞았다면, 내 몸이 여태 남아 있겠는가? 하나님이 우리에게 독재적인 부모가 아니신 것이 얼마나 다행인가?

3. 허용적인 부모(높은 자애로움, 낮은 통제)

허용적인 부모는 자녀의 충동과 행동에 대해 허용적으로 반응하는 부모이다. 부모가 자녀를 통제하거나 처벌하는 것을 어려워하며, 자녀에게 책임감을 거의 요구하지 않는다. 허용적인 부모의 자녀는 평소 자기가 하고 싶은 대로 다 하며 살기 때문에, 자기 뜻대로 되지 않는 상황에서는 공격적이 되거나 무력해질 수 있다. 허용적인 부모의 자녀는 충동적이고, 자기중심적이며 독립심이 부족한 것으로 보고되고 있다.

예를 들어, 아이가 남의 물건을 허락 없이 가져왔을 때, 허용적인 부모는 그것이 잘못된 행동임을 아이에게 알려 주기는 하나, 아이가 떼를 쓰거나 힘들어하는 모습을 보이면 바로 자녀 훈육하기를 멈추거나 힘들어한다.

허용적인 부모에서 벗어나려면, 아이의 욕구와 마음은 알아주되, 물건을 주인에게 돌려주고 잘못을 인정하는 책임감을 가르쳐야 한다.

그리고 평상시에 아이의 충동성에 대한 한계 설정이 필요하다. 자율의 범위와 한계를 함께 제시해 주어야 하며, 아이의 발달 수준에 맞는 책임감도 가르쳐야 한다.

예전에 한 설교에서 하나님이 우리의 모든 기도를 허용하셨다면, 지금쯤 배우자가 세 명은 되었을 것이라는 이야기를 듣고, 소리 내어 웃은 적이 있다. 무조건 다 허용하는 것이 아니라, 우리에게 가장 좋은 것이 무엇인지를 아시고, 알맞은 때에 알맞게 주시는 하나님은 얼마나 멋진 부모이신가!

4. 무관심한 부모(낮은 자애로움, 낮은 통제)

무관심한 부모는 자녀에게 반응을 보이지 않고, 기대도 별로 없으며, 자유방임적인 부모다. 자녀와 함께 보내는 시간이 매우 적고, 자녀의 긍정적 행동을 칭찬하는 법이 없으며, 잘못된 행동을 잘 훈육하지도 않는다. 따라서 무관심한 부모의 자녀는 목표나 동기가 없고, 적절한 사회적 행동을 배우는 데 실패하게 된다. 시기적절한 자극을 받지 못하여 발달이 지연되기도 한다.

예를 들어, 아이가 남의 물건을 허락 없이 가져왔을 때, 무관심한 부모는 그것이 잘못된 행동임을 아이에게 제대로 알려 주지도 않고 크게 반응하지도 않는다. 아이는 자유롭게 키워야 하고, 때가 되면 알아서 다 클 것이라며 그냥 넘기기도 한다.

무관심한 부모에서 벗어나려면 자녀에 대한 민감성을 키워야 한다.

아이의 행동과 함께 아이가 무엇이 필요한지, 무엇을 즐거워하고 힘들어하는지 살피고 언어로 반응해 주는 것이 필요하다. 더불어, 부모 자신의 정서적 어려움이 있는가를 돌아보고, 자기 자신을 스스로 돌보아야 한다.

만약, 하나님이 무관심한 부모이셨다면, 지금의 우리 모습은 불가능했을 것이다. 우리는 날마다 우리를 챙기며 가르쳐 주신 하나님 덕분에 여기까지 배우고 자라왔다. 모두가 우리를 결코 내버려 두시지 않는 그 사랑 덕분이다.

아이 마음 그대로 인정하기

우리는 하나님의 사랑을 받아 본 자이므로 나와 내 아이도 사랑할 수 있다. 나의 어두운 면, 사랑스럽지 않은 면까지 모두 이해해 주시고, 충분하니 괜찮다고 해 주신 주님을 부모로서 대신 보여 주는 것, 이것이 바로 부모의 사명이다.

05

숨은 마음을 이해하는 비결

내가 낳은 내 아이임에도 도대체 아이 속을 모르겠다고 호소하는 부모들이 있다. 너무 엉뚱하거나 때때로 엇나가게 행동하는 아이, 부모의 눈으로 보기엔 별것 아닌 것들에 하루 종일 매달리는 외계인 같은 아이를 바라보며, 부모들은 답답하다고 애를 태운다.

알쏭달쏭한 아이의 마음을 들여다보기에 좋은 사례가 하나 있다. 생텍쥐페리의 동화 《어린 왕자》에 등장하는 비행기 조종사의 그림 이야기다.

비행기 조종사는 여섯 살 때 다음 그림을 처음 그렸다. 아이는 어른들에게 이 그림을 보여 주며 무섭지 않느냐고 물었다.

　어른들은 "모자가 뭐가 무서워?"라고 대답하며 아이의 그림에 큰 관심을 보이지 않았다. 인내심 있는 아이였던 조종사는 이번엔 어른들이 알아볼 수 있도록 코끼리를 삼킨 후 소화 시키고 있는 보아뱀을 배 속까지 친절하게 그려 보여 주었다.

　그러나 이번에도 역시 어른들은 그림 따위는 집어치우고 차라리 산수나 문법 공부를 하라고 충고했다. 이 일로 인해 조종사는 화가의 꿈을 접고, 어른들이 좋아하고 알아들을 수 있는 이야기만 하는 '어른'이 되기로 한다.

· 아이의 속마음을 알기 위한 세 가지 자세 ·

　나에게도 이와 비슷한 사건이 있었다. 아이가 초등학교에 입학하고 얼마 지나지 않아서 있었던, 엄마들을 초긴장시키는 첫 공개 수업 때의 일이다. 담임 선생님이 부모들에게 아이들이 봄을 주제로 그린 그림을 교실 뒤편에 붙여 놓았으니 찾아보라고 했다. 안 그래도 학교에서 봄을 주제로 그림 그리기를 한다고 하여, 그 전날 아이와 함께 봄꽃 그리기 연습을 미리 해서 보냈던 터였다. 기대감에 차서 게시판을 둘러보고 있는데, 엄마들의 수군거리는 소리가 들려왔다. 그런데 엄마들이 모여 있는 그곳에 우리 아이의 그림이 있는 것이 아닌가?

알록달록 노랗고 빨간 그림들 속에서 아들의 그림이 유독 눈에 띌 수밖에 없었는데, 검은 바탕에 자동차 하나와 '모텔'이라고 커다랗게 쓰인 건물 하나만 그려져 있었기 때문이다. 초등학교에 갓 입학한 아이가 봄이면 떠오르는 것 그리기에 모텔을 그렸으니 모두 의아해했고, 나는 수업이 끝날 때까지 내내 얼굴이 화끈거렸다. 엄마가 학교에 왔다고 좋아서 달려오는 아이의 손을 잡아끌고, 집으로 돌아오는 내내 아이를 다그쳤다. 엄마와 그리기 연습한 봄꽃은 다 까먹었느냐고 아이를 몰아붙였다. 왜 그런 그림을 그렸느냐고 소리치며 물었지만, 아이는 고개를 숙인 채 입을 열지 않았다.

그러다 문득 한 가지 기억이 떠올랐다.

'아, 이른 봄에 지인 가족과 숙소를 정하지 않은 채, 동해로 떠났었지.'

그날 밤, 우리는 숙소를 찾기 위해 모텔까지 전전했고, 결국 우리 가족은 매우 낯선 환경에서 잠을 자게 되었다. 아이는 이때의 경험을 그린 것이었다. 씩씩거렸던 내가 너무 부끄러웠다. 아이의 첫 공개 수업에서 나는 내 자존심이 상처를 받았다고 아이에게 모든 탓을 돌리며 아이를 비난했다. 캄캄한 밤을 배경으로 그려진 모텔에 담긴 아이의 숨겨진 마음을 봐 주지 못한 그때 일이 지금도 떠올리면 아찔하기만 하다. 그날, 나는 아이에게 물었어야 했다. 얼마나 무서웠는지, 무엇이 가장 기억에 남았는지를….

부모들에게 《어린 왕자》의 그림 이야기를 들려주면 "전 점쟁이가 아니잖아요. 아이들은 너무 어려워요"라고 말하곤 한다. 그러고는 대부분 곧바로 질문을 던진다.

"그럼 어떻게 해야 하나요? 방법을 알려 주세요."

도대체 어떻게 하면 아이의 마음을 알아차릴 수 있는지 지식과 방법을 조목조목 알려 달라며 재촉한다.

대부분의 사람들은 무언가를 잘 찾고 이해하려면 지식이 있어야 한다고 생각한다. 그러나 애석하게도 아이들의 숨은 마음을 찾기 위해 필요한 것은 방법이나 지식이 아니다. 설령 방법이나 지식을 나열하며 알려 준다 한들, 그것이 곧 부모 자신의 것이 될 수 있을까? 가지각색인 아이들 누구에게나 들어맞는 정답이 있기나 할까? 육아 서적이 넘쳐 나는 시대를 살고 있는 부모들은 전문가가 제시하는 정답 같은 방법을 찾고, 그대로 양육하지 못하는 자신을 탓하며 자책하기를 반복한다. 그런데 지식을 위주로 접근하는 방법은 부모 자신만 작게 만드는 것이 아니다. 정답이 적용되지 않는 내 아이의 '문제'가 커다랗게 다가오며, 아이는 한없이 작아 보인다. 이것은 또다시 부모를 불안하게 하고, 지치게 만들 뿐이다.

그렇다면 아이의 숨은 마음을 이해하기 위해 갖추어야 할 것은 무엇인가? 그것은 바로 '자세'다. 너무 원론적인 이야기가 아니냐고 의아해할 수 있다. 이제까지 학생들을 가르치고 부모들을 만나면서, 지식을 채우려고 많은 책을 읽고, 교육을 받으러 다니는 사람들을 숱하게 보아 왔다. 그러나 결국 아이의 마음을 알아보고 움직이는 것은 '자세'의 힘이었다. 아무리 공부를 많이 해도 바라보는 자세를 갖추지 않으면, 아이를 재단하기에 급급해진다.

==아이의 그림 속 숨은 마음을 찾기 위해 필요한 첫 번째 자세는 '멈춤'이다.== 일단, 부모 자신의 편견과 정답을 찾는 바쁜 발걸음을 멈추고, 그림 앞에 머물러야 한다. 다시 《어린 왕자》의 비행기 조종사가 어린 시절에 그렸던 그림 이야기로 돌아가 보자. 어른들은 그의 첫 번째 그림의 정체를 그들 눈에 보이는 대로

'모자'로 단정 짓고, 아이의 이야기나 감정에는 관심을 두지 않았다. 내가 했던 부끄러운 실수도 '봄은 이렇게 그려야 한다'는 정답을 내려놓지 못했기 때문에 벌어졌다. 부모는 모든 선입견을 내려놓고, 아이의 그림 앞에 일단 머물러야 한다. 이것이 첫 번째 자세다.

==아이가 그린 그림 속에 숨겨진 마음을 찾기 위해 필요한 두 번째 자세는 '존중'이다.== 아이가 표현하는 것이 부정적이거나 정답이 아니더라도 괜찮다는 마음, 어떤 것이든 아이의 것이라면 있는 그대로 봐 주고자 하는 마음이 존중이다. 존중의 자세는 어른이 아이의 시선으로 그 마음을 이해하고자 할 때만 가능하다. 어른들이 보아뱀 그림을 아이의 시선으로 보아 주고, 그림에 관해 물어보았더라면, 아이가 느꼈던 두려움을 이해하고 함께 느낄 수 있었을 것이다.

이러한 존중의 마음으로 아이의 그림을 바라보고, 아이가 무엇을 표현한 것인지 이해하려고 애써 보자. 내가 아는 지식이 아닌 그림 속에 있는 바로 이 아이를 느껴 보자. 아이가 무엇을 원하는지, 무엇을 느끼고 있는지를 듣고자 한다면, 분명 아이의 마음을 찾을 수 있을 것이다.

==아이의 속마음을 발견하기 위한 세 번째 자세는 '상호적 반응'이다.== 상호적 반응이란 일방적인 판단이나 반응이 아니라 아

이가 그림으로 표현하고 있는 주제와 내용을 기준으로 반응하는 것을 말한다. 아이의 그림에 담긴 속마음을 언어로 반영하고, 그림에 나타난 주제에 관해 이야기를 주고받거나 함께 놀이하는 활동이 그 예다.

비행기 조종사가 어린 시절에 그린 두 번째 그림을 본 어른들은 어떤 반응을 보였나? 그림 따위는 집어치우고, 산수나 문법 같은 어른들 보기에 중요한 것을 하라고 반응했다. 아이들의 그림, 혹은 아이들의 행동이나 말에 어떻게 반응하고 있는가? 혹시 부모로서 내 감정에만 반응하고 있는 것은 아닌가? 앞서 전한 우리 아이의 첫 공개 수업에서 봄 그림에 내가 보였던 반응은 내 자존심에 관한 것이었다. 상호적 반응이 아니라, 사람들 앞에서 창피당하고 싶지 않고 우리 아이가 잘한다고 인정받았으면 하는 내 욕심에 대한 반응이었다. 이러한 일방적 반응의 결과는 처참하다. 비행기 조종사가 결심했던 것처럼, 아이들은 자기를 있는 그대로 표현하기보다 어른들이 좋아할 만한 것만 드러내는 '어른스러운 아이'가 되어 가기 때문이다.

애석하게도 어른들은 '어른스러운 아이'를 좋아한다. 아이들은 어떻게 해야 사랑받을 수 있는지 빨리 눈치채기 때문에, 어른스럽게 말하고 행동하려고 노력한다. 만약 아이가 '어른스러워야 한다'를 하나의 당위로 스스로 받아들이게 되면 '성인 아이'로 자라며 아이다움을 잃어버리게 된다. 떼쓰는 것도, 칭얼거리는 것도 못 해 보고, 부모가 원하는 성숙한 아이가 되지 못할까 봐 불안해한다. 결국, 이런 아이들은 처음엔 잘 크는 것처럼 보이지만, 쉽게 우울해지거나 자존감이 낮은 아이로 자랄 수 있다. 부모 또한 마찬가지다. 한때, 아이였던 우리 모두 부모로부터 사랑받는 존재가 되고 싶었고, 부모를 기쁘게 하는 사랑받는 아이가 되기 위해 열심히 노력해 왔다.

· 마르다의 분주한 사랑을 멈추자 ·

성경에 등장하는 '마르다'도 사랑을 위해 열심히 노력했던 인물이다. 예수님을 자기 집에 모시고 와 극진히 대접할 만큼 예수님을 사랑했던 여인이다.

그들이 길 갈 때에 예수께서 한 마을에 들어가시매 마르다라 이름하는 한 여자가 자기 집으로 영접하더라 그에게 마리아라 하는 동생이 있어 주의 발치에 앉아 그의 말씀을 듣더니 마르다는 준비하는 일이 많아 마음이 분주한지라 예수께 나아가 이르되 주여 내 동생이 나 혼자 일하게 두는 것을 생각하지 아

> 니하시나이까 그를 명하사 나를 도와주라 하소서 주께서 대답
> 하여 이르시되 마르다야 마르다야 네가 많은 일로 염려하고
> 근심하나 몇 가지만 하든지 혹은 한 가지만이라도 족하니라
>
> _눅 10:38-42상

마르다와 마리아 중 누가 더 예수님을 사랑했을까? 아마 '누가 더'라고 할 것도 없이 마르다와 마리아 모두 예수님을 정말 사랑했을 것이다. 다만 마르다는 예수님께 좋은 것을 드리고 싶어서 일하는 것을 선택했고, 마리아는 예수님 말씀 앞에 머물렀을 뿐이다.

마르다의 모습에서 우리는 부모인 나의 모습을 엿볼 수 있다. 우리는 아이를 너무 사랑해서, 좋은 것을 주고 싶어서 최선을 다해 일한다. 그런데 정작 아이들 앞에 멈추고 느끼고 반응할 시간은 없다고들 한다. 우리는 마르다처럼 마음이 분주한 탓에 마리아처럼 멈추어 머물며 듣지 못한다. 부모들이 아이에게 "내가 누구 때문에 이렇게 열심히 일하는데? 내가 너 하나 바라보고 이렇게 열심히 노력하고 있잖아"라고 말하는 것은 마르다가 예수님에게 "왜 저만 혼자 일하도록 내버려 두십니까?" 하고 원망하는 모습과 똑 닮아 있다. 내가 열심히 일하는 만큼 아이가 내 노력을 알아주길 바라고, 내가 노력한 만큼 아이가 잘 자라

는 것 같지 않으면 억울하기까지 하다. 그도 그럴 것이 부모 노릇은 참 끝도 없이 분주한 일이기 때문이다. 아이를 씻기고, 재우고, 숙제를 챙겨 주고, 학원 문제에 친구 문제까지 챙길 것이 수두룩하다. 주말이면 체험 학습에 놀이공원 다니랴, 주일 학교까지 셀 수 없이 많은 일정이 쌓여 있다.

  그럼에도 나는 부모들에게 "아이들은 부모의 시간을 기다려 주지 않는다"고 말한다. 이 말은 아이가 생각보다 빠른 속도로 자라기 때문에 부모와 마주 보고 놀 수 있는 시간이 매우 짧다는 뜻이다.

  아이들의 숨은 마음을 만나는 참된 비결은 기꺼이 아이 앞에 멈추어 서서, 아이의 이야기를 듣고 느끼며 반응하는 것이다. 시간을 많이 내는 것이 중요한 것이 아니라 짧은 순간이라도 멈추어 눈을 맞추는 것이 중요하다. 너무 분주하여 아이와 함께할 시간이 없다면, 아침에 일어나자마자 또는 방과 후나 퇴근 후에 또는 자기 전에라도 잠시 멈추어 단 몇 분간만이라도 마주 볼 수 있다. 주말에 놀이동산에 가서 아이를 풀어놓는 것도 좋지만, 일상 속에서 아이와 상호작용하는 것이 이벤트보다 더 중요하다. 해야 할 일이 머릿속에 가득하여 '이거 하고 나면, 저거 해야 하고…' 하는 식의 생각은 잠시 내려놓고, 취조하듯 하는 말투나 지시하는 말도 내려놓자. 아이랑 눈을 맞추며 아이가 들려

주는 자질구레한 이야기를 들어보자. 많은 시간을 들이지 않더라도 기꺼이 아이 앞에 멈추어 머무르고자 하는 마음만 있으면 된다. 그것으로 충분하다.

부모인 우리가 분주히 일하는 자세로 아이를 사랑하는 이유는 마르다처럼 열심히 무언가를 해야만 사랑하고 사랑받을 수 있다고 잘못 배워 왔기 때문이다. 분주한 사랑을 해야 내가 무언가 부모로서 일하고 있다고 안심하게 되는 불안 때문일 수도 있다. 하지만 대단한 것을 하지 않아도 오직 내 모습 그대로를 사랑해 주시는 주님의 은혜를 떠올려 보라. 분주히 애쓰지 않아도 정말 괜찮다. 부모로서 족하다. 다만 주님이 마르다를 안타까워하시며, "마르다야, 마르다야" 하고 부르셨던 것처럼, 나를 부르시는 주님의 음성에 귀를 기울여 보자.

06

자기표현을 돕는 감정 이름

영이는 분홍색 모자를 쓴 곰돌이를 정성스럽게 그려 나갔다. 얼핏 보면, 평범해 보이는 그 그림을 보며, '뭐 특별한 것 없는 귀여운 그림이네'라고 생각할 수도 있다. 그런데 그 그림을 찬찬히 들여다보면 어디선가 본 것 같은 느낌이 든다.

실상 그 그림의 비밀은 아이가 스케치북 겉표지를 보고 그대로 따라 그렸다는 데 있다. 스케치북 표지에 있는 야자수의 모양과 색, 곰돌이 옷과 갈매기의 모양까지 그대로 옮겨 놓았다. 영이는 통 스스로 자유롭게 그리질 못했다. 마음에 드는 예쁜 그림을 따라 그리고는 잘 그렸다는 칭찬을 받고 싶어 할 뿐이었다.

 이것은 영이가 그린 그림이 맞지만, 자기를 표현하기보다는 다른 이미지를 그대로 모사하느라 정성을 들인 셈이다. 이미지를 그대로 옮겨 놓은 모사화는 분명 잘 그려진 예쁜 그림일 수는 있으나 그 사람 고유의 특성이나 목소리는 담기 어렵다.

 그러면 만화나 캐릭터를 그리는 아이들은 다 자기표현을 못 한다는 말인가? 그렇지 않다. 자기 아들이 매일 졸라맨을 그린다고 걱정하는 부모가 있었다. 그래서 나는 졸라맨 만화를 그대로 따라 그리기만 하는지, 아니면 자기 나름대로 졸라맨 이야기를 지어내 그리는지 물었다. 그 아이는 여느 아이들처럼 나름의 졸라맨 이야기를 만들어 자신의 이야기를 하고 있다고 했다. 이처럼 대부분의 아이는 만화 캐릭터를 따라 그리더라도 자신의 고유한 특성을 그 안에 넣어서 그린다. 또 아이들은 마음에 드는 멋진 이미지를 보면 따라 그리고 싶어 하기 때문에 모사화를 그렸다고 해서 다 문제가 되진 않는다. 다만 영이처럼 모사화 외에는 다른 그림을 그리지 않는 경우에 그만큼 자기표현에 어려움이 있음을 짐작해 볼 수 있다. 영이는 그림만이 아니라 실생활에서도 자신의 감정은 물론 원하는 것을 표현하기 어려워했다.

· 아이 감정의 이름을 찾아주기 ·

분명 많은 이야기를 나눈 것 같은데, 그 친구에 관해 여전히 아는 것이 없고, 들은 것이 없다는 생각이 들 때가 있다. 마치 친구와 한참 이야기를 나누고도 그 친구에 관해 아는 것이 전혀 없는 것 같은 느낌이라고나 할까? 장시간 긴 대화를 나누었더라도 진짜 속 이야기는 쏙 빼놓았거나 뭔가 듣기 좋은 말만 주고받았을 가능성이 있다.

대부분의 상담 영역에서는 자기 자신을 적절하게 잘 표현할 수 있는가를 정신 건강의 기준으로 삼는다. 그러다 보니, 상담자들은 자기표현 능력을 상담의 목표로 설정하고, 자신의 감정이나 생각을 타인에게 표현할 수 있도록 지지한다.

나도 초보 상담사 시절, 만나는 내담자마다 당신의 마음을 들어줄 테니 표현해 보라고, 표현은 좋은 것이라고 설득했다. 그런데 표현에 서툰 사람들은 모두 표현해 보라는 나의 주문을 고문처럼 받아들였다. 돌아오는 대답은 주로 세 가지 단어, "몰라요", "글쎄요", "딱히…"였다. 뭐가 잘못된 것일까? 어쩌다 나는 표현하라고 강요하는 사람이 되었던 것일까?

그래서 그들은 왜 자기표현을 힘들어하는지, 도대체 무엇이 어렵게 하는지를 살펴보니, 크게 두 가지 이유가 있었다. 첫 번째 이유는 그들은 자기가 무엇을 원하고 느끼고 있는지조차 모르고 있다는 것이다. 그것이 무엇인지도 모르는데, 어떻게 표현하겠는가? 두 번째 이유는 표현의 연습이 전혀 안 되어 있기 때문이다. 정리하자면, 어린 시절부터 내가 경험하고 있는 마음의 이름이 무엇인지 배운 적이 없어 알아차리고 명명할 수조차 없었고, 그나마 어렵사리 표현해 봤지만 늘 결과가 좋지 않았거나 받아주는 상대가 없었기 때문이다.

다음 질문에 답을 해 보자.[2]

어린 시절, 당신이 화를 낼 때마다 어떤 말을 들었나? 혹은 어떤 일이 일어났는가?

- 아무도 아는 척을 하지 않았다.
- 화를 내면, 착한 아이가 아니라고 했다.
- 매를 맞거나 집에서 쫓겨났다.
- 칭찬과 애정이 사라지는 느낌을 받았다.
- 성격에 무슨 문제가 있다는 말을 들었다.
- 천국에 가지 못할 것이라고 했다.

이 중에서 나의 경험과 관련되는 것이 있는가? 설마 화를 내 본 기억조차 없는가?

위의 결과들 모두, 아이에게는 두려움을 불러일으킬 수 있는 협박에 해당한다. 그것이 무엇인지도 모른 채, 부정적 감정을 서툴게 표현하는 유아기 때부터 우리는 화는 무조건 나쁜 것이라고만 배워 왔다. 부정적 감정을 표출하는 연습이 부족하다 보니 화가 나도 화인지 모르거나 서둘러 없애 버리려고만 한다.

부정적 감정을 인정하지 않음으로써 흔히 나타나는 현상 중 하나는 얼굴이 잔뜩 굳어진 채로 이렇게 말하는 것이다.

"누가 지금 화를 냈다고 그래? 나 화 안 났어!"

아이러니한 것은 화나 있는 것을 본인만 모르고 있다는 것이다. 부정적 감정에 대한 알레르기는 결국 부정적 감정 자체를 부정함으로써 감정을 다룰 기회를 빼앗고, 감정에 취약한 사람으로 자라나게 한다.

따라서 아이의 부정적 감정을 다루기 위한 첫걸음은 먼저 그 감정의 이름을 불러 주는 것이다. 아이들이 자라면서 사물의 이름을 어떻게 배우는가? 아이가 컵을 집어 올릴 때마다 부모가 "컵이네"라고 말하면 아이는 '컵'이라는 사물의 이름을 알게 된다. 컵을 알게 된 아이는 이후 물을 마시고 싶을 때마다 '컵'이라고 지칭할 수 있게 된다. 감정도 마찬가지다. 아이가 어떤 감정을 경험하고 있을 때 "~해서 기쁘구나", "~해서 슬펐어?", "속상했겠다"로 감정의 이름을 반복해서 불러 주면, 아이는 비로소 감정을 세분화하고 그 이름을 배운다. 그리고 감정의 이름을 알게 된 아이는 그와 비슷한 감정이 느껴질 때마다 스스로 "기뻐", "슬퍼", "속상해", "화가 나" 등으로 표현할 수 있게 된다.

물론, 아이들의 감정 표현은 아직은 모양새가 다듬어지지 않아 삐뚤삐뚤해 보일 수 있다. 부모에게는 상황에 맞지 않는 아이의 "싫어, 미워, 안 해" 등의 부정적인 말들이 영 불편하게 들릴 수 있다. 그러나 부모는 아이의 감정을 향해 '맞다, 틀리다, 나쁘다' 등의 판단을 하지 않도록 주의해야 한다.

생각해 보라. 감정은 인간에게 자연스러운 것이고, 하나님이 인간에게 주신 선물이지 않은가? 그러니 감정만큼은 있는 그대로 인정하고 받아 주자. 화가 날 수 있다는 것을 알아주고, 화가 난다고 해서 나쁜 사람이 되는 것은 아님을 알려 주자.

· 감정을 표현하는 연습 ·

아이의 부정적인 감정의 표현을 판단하는 대신에 표현하는 방법을 바꾸어 보자. 다음 예를 살펴보자. 아이가 컵 쌓기 놀이를 하다가 원하는 대로 쌓이지 않고 계속 무너지자, 화를 내며 컵을 발로 차고 있다. 만약 당신이 부모라면 어떻게 반응하겠는가? 대개의 부모는 화를 내는 아이의 모습이 마음에 안 들고 염려스러워 부정적 감정을 고쳐 주는 것에만 몰두하곤 한다.

그러나 이 상황에서 부모가 먼저 해야 할 반응은 아이가 왜 화가 났는지, 어떤 감정을 느끼고 있는지 살피는 것이다. 당신은 부모이기 때문에 살피고자 하는 마음만 있다면 충분히 알 수 있다. 이 상황에서 부모는 "컵을 높이 쌓고 싶었는데, 마음대로 잘 안 돼? 에구, 그래서 화가 났구나"라고 반응해 주면 된다. 그리고 화가 날 때는 컵을 발로 차는 것이 아니라 화가 난다고 말로 해 보자고 알려 주고, 컵 쌓는 방법을 같이 찾아보면 된다.

학령기 아동이나 청소년의 경우도 부정적인 감정을 수용하되, 어떻게 해결하면 좋을지 부모가 함께 방법을 찾아볼 수 있다. 아이들은 자신의 감정이 수용되고 있다고 느끼면 방법을 찾고 바꾸는 것에 기꺼이 협력할 수 있다. 물론, 이 과정은 단번에 바로 이루어지지 않기 때문에, 반복과 연습이 필요하다. 삼세번이 아니라 수십 번을 반복해야 할 수도 있다. 그만큼 누구에게도 쉽지 않다는 뜻이다.

타인의 감정을 수용하고, 자신의 감정을 표현하는 연습을 하는 것이 왜 이리 어려울까? 이 과정이 이토록 힘겨운 이유는 부모도 아이들과 다를 바 없이 있는 그대로의 감정을 보여 주고 표현하는 법을 배운 적이 없기 때문이다. 우리의 부모도 감정의 이름을 일일이 불러 주기엔 삶이 너무 고단했고, 우리도 부모님을 실망시키거나 슬프게 하고 싶지 않았고, 부모님으로부터 핀잔을 듣고 싶지도 않았기에 어느 순간부터 진짜 하고 싶은 말을 감춘 채 살아오지 않았던가!

그러니 부모인 나부터 나의 감정을 불러 주고 알아주어야 한다. 그러기 위해서는 무던히 연습해야 한다. 부정적 감정이 올라올 때마다, 간절히 바라는 것이 생길 때마다 나 자신에게 '이런 것이 힘들구나', '이렇게 불안하구나' 하고 부정적 감정을 알아차려 주고, 정말 원하는 것이 무엇인지 찾아보는 것부터 시작하자.

우리는 연약한 존재이지만, 그래도 희망은 있다. 우리에겐 '많이 힘들었지?' '많이 아프지?' 하고 물어봐 주는 참부모가 계시기 때문이다. 육신의 부모가 나에게 주지 못했던, 있는 그대로를 봐주는 사랑을 우리는 하나님 아버지로부터 받고 있다.

> 사랑하는 자들아 우리가 서로 사랑하자 사랑은 하나님께 속한 것이니 사랑하는 자마다 하나님으로부터 나서 하나님을 알고
> _요일 4:7

이제부터 배우지 못해서 아이들의 진짜로 하고 싶은 말을 모른 척했다고 핑계 대지 말자. 어떻게 사랑해야 하는지 못 배웠다고 원망하지도 말자. 우리는 이미 사랑을 받아 본 자이므로 하나님 아버지께서 해 주신 것처럼 나 자신에게도 내 아이에게도 해 줄 수 있다. 표현하지 않으면, 알 수 없는 것이 마음이다. 하나님의 사랑이 표현하는 사랑이라는 것이 얼마나 은혜인가!

성장을 위한 Tip

슬기롭게 수용하기

부모의 수용적 태도는 아이의 자기표현을 촉진해 준다고 한다. 그래서 수용이 중요하다고 하고, 여기저기서 수용해 주라는 말도 많이 하는데, 정작 부모들은 어떻게 하는 것이 수용인지 알기가 어렵다. 허용이 곧 수용인 건지, 마냥 수용만 해 주면 아이가 잘 자랄 수 있을지 알지 못해 혼란스러운 부모들을 위해 야무지고 슬기로운 수용법을 소개한다.

1. 칭찬의 함정을 피하라

어떤 아이가 나무를 그리고 있다. 이 그림을 본 부모가 "나무가 멋지구나. 참 잘 그렸네"라고 말했다. 다음 날, 아이를 보니 어제 그렸던 나무를 또 똑같이 그리고 있다. 어떻게 된 일일까? 이것은 칭찬의 힘이자 함정이다. 칭찬의 순기능도 많지만, 칭찬은 자칫 평가적으로 다가올 수 있고, 그 행동을 반복하게 만들기 때문에 주의해야 한다.
그러면 이 아이의 표현을 잘 수용하는 태도는 어떤 것인가? "○○가

큰 나무를 그렸구나"라고 하면 된다. 아이가 말하고자 하는 것을 잘 듣고, 요약하여 읽어 주는 것이다. 아이는 부모가 내가 말하고자 하는 것에 관심을 가지며, 있는 그대로를 보아 준다는 것을 알게 됨으로써 수용을 경험한다.

2. 반영 문장으로 말하기

아동 중심 놀이 치료학자인 게리 랜드리스(Garry Landreth)는 아이를 수용해 줄 때, 유용한 반영 문장을 제시했다.[3] 어색할 수 있지만, 하나의 예시로서 읽어 보고, 자기 말처럼 자연스럽게 쓸 수 있도록 연습해 보자. 그러나 예시 문장과 똑같이 말할 필요는 없다.

너는 _____을 좋아하는구나.
너는 _____을 좋아하지 않는구나.
너는 _____에 대해 궁금해하는구나.
너는 _____때 무서움을 느끼는구나.

너는 _____에 대해 정말 화가 나는구나.
너는 _____(하는) 것이 정말 재미있구나.

3. 감정은 수용하고, 방법은 바꾸기

수용을 무조건적인 허용으로 오해하는 부모들이 많다. 감정과 에너지를 소모시키는 씨름을 하지 않고도 아이를 변화시킬 수 있는 훈육법은 아이의 감정은 수용하되 방법은 바꾸어 가는 것이다. 나는 부모들에게 이것을 "욕구-상황-방법"의 3단계로 기억하라고 알려 준다. 첫 번째 단계는 아이의 말과 행동에서 아이의 욕구, 동기, 감정 등을 찾아서 짚어 주는 것이다. 두 번째 단계는 현재 상황을 제시하고, 세 번째 단계에서는 적절한 대안 방법을 찾는다.

예를 들어, 아이가 벽에 그림을 그리고 있다면, 첫 번째 단계에서는 "너는 그림 그리는 것을 좋아하는구나", "벽에 그림을 그리고 싶구나" 등으로 아이의 욕구를 수용해 주고, 두 번째 단계에서는 "그런데 벽은 그림 그리는 곳이 아니란다"라고 말해 준다. 이때 "그림 그리면 안 돼"가 아니라 상황만 알려 주면 된다. 그러면 아이는 부모가 나를 막으며 제지한다고 느끼기보다 상황을 바라보고 이해하게 된다. 그리고 세 번째 단계로 "그 대신 여기 커다란 종이에 그려 볼까?" 하고 대안을 제시해 준다. 아이와 같이 대안이 될 방법을 찾아 보는 것도 좋다.

이 과정이 한 번에 되지 않으면, 다시 반복하며 연습해야 한다. 하나님도 내 마음은 다 받아 주시되 내 모든 기도를 내 방법대로 이루어 가시는 것은 아니지 않은가? 우리도 주님처럼 진심으로 감정은 받아 주고, 아닌 것은 아니라고 말하며, 아이와 함께 방법을 찾고 바꾸어 가보자. 스스로 방법을 찾아가는 것 또한 아이에게 꼭 필요한 과정이다.

07

타고난 기질 받아들이기

현이 어머니가 나에게 물었다
"왜 저는 딸에게 매번 소개팅을 해 주어야 하나요?"
이게 무슨 말일까? 6살 아이에게 소개팅이라니? 사연의 내막은 이렇다. 아이가 놀이터에 나가 놀고 싶다고 하여 아이랑 놀이터에 나갔는데, 어머니가 "가서 친구들과 재미있게 놀아"라고 말해도 아이는 선뜻 아이들에게 다가가지 못한다고 한다. 결국, 어머니가 다른 아이에게 다가가 "너는 몇 살이니? 이 친구도 6살인데 같이 놀래?"라고 매번 짝을 맺어 주어야 한다는 것이다. 어머니는 다른 아이들은 놀이터에서 자기 또래를 만나면, 금방 친구가 되어 어울려 노는데, 왜 현이는 "나랑 같이 놀자"라는 말 한마디를 못 하는지 이해가 안 된다며 답답해했다.

어떤 아이는 엄마의 소개팅이 필요 없을 정도로 친구 사귀기에 적극적이지만, 어떤 아이들은 현이처럼 낯선 환경에서 바로 친구 사귀기가 어렵거나, 적응하는 데까지 시간이 걸리기도 한다. 이것은 무슨 차이일까? 보통 이러한 차이는 기질(temperament)이 다른 데서 온다. '순하다, 예민하다, 느리다, 소극적이다, 적극적이다'와 같은 표현은 사람마다 기질이 제각기 다름을 보여 준다. 즉 기질은 맞고 틀리고의 문제가 아니라 다름의 문제다.

· 기질은 틀린것이 아니다 ·

현이 어머니는 "우리 아이는 나랑 너무 달라요"라는 푸념을 넘어서서 "우리 아이는 틀렸다"라고 생각했다. 그렇게 생각한 밑바탕에는 또 다른 속사정이 두 가지나 더 있었다. 하나는 현이 어머니가 현이 아버지의 성격, 즉 소극적이고 부끄러움이 많은 성격에 불만이 있었다는 것이다. 평소 현이 아버지의 성격이 소심해서 손해 보는 일이 많다고 생각했던 현이 어머니는 현이에게서 아빠의 모습이 보일 때마다 걱정이 앞섰다. 두 번째 사정은 현이 어머니가 학창 시절에 친구들로부터 따돌림을 당한 경험이 있는데, 그때가 너무 힘들었던 탓이다. 어머니는 혹여 현이가 친구를 못 사귀거나 따돌림을 받을까 봐 전전긍긍하며 '친구 사귀기'가 제일 중요하다고 강조해 왔다.

어머니는 현이에게서 현이 아버지의 모습과 자신의 학창 시절 모습을 보느라 정작 현이 그대로의 기질은 보지 못하고 있었다. 결국, 어머니는 어떻게든 현이를 고쳐 보겠다고 상담실을 찾아온 터였다.

나는 현이 어머니에게 아이의 기질 특성을 설명하고, 기질은 타고나는 특성이기 때문에 바꾸는 것이 아니라 받아들여야 하는 것이라고 말해 주었다. 낯선 환경에서 현이가 적응할 수 있도록 소개팅도 해 주고 충분히 관찰할 수 있도록 기다려 주다 보면, 차차 아이도 나름의 접근 방법을 찾게 될 것이라고 알려 주었다.

한번은 아이들끼리 기질을 비교하여 볼 수 있는 재밌는 시간이 있었다. 10살 동갑내기 남자아이 열이와 정이를 만났는데, 두 아이 모두 학교에서 부적응 문제로 의뢰한 아이들이었다. 나는 두 아이에게 도화지와 스탬프 도장을 주고, 마음껏 찍어 보자고 청했다.

먼저, 열이가 도화지 위에 빠르게 쿵쾅쿵쾅 도장을 찍어 나갔다. 그렇게 신나게 도장을 찍다가 문득 옆 친구가 궁금해졌는지 고개를 돌려 보고는 놀란 얼굴을 했다. 정이는 도장의 물고기 꼬리와 입을 맞추어 찍느라 숨도 크게 못 쉬고 있는 것이 아닌가. 도장을 마구마구 찍어 대던 열이는 도화지를 더 달라고 하여 그 뒤로도 2장을 더 찍었는데, 그동안 정이는 숨을 고르며 도장을 일렬로 맞추어 찍느라 여념이 없었다.

같은 상황에서, 같은 나이의 두 아이가 같은 재료를 갖고, 이렇게 다르게 반응했다는 것이 매우 흥미롭다. 두 아이의 도장 그림은 서로의 기질 차이를 잘 보여 준다.

열이는 외향적인 성향의 아이로 충동성과 공격성의 어려움을 지니고 있었다. 그러다 보니 열이의 부모는 아이를 차분하고 신중한 아이로 만들고 싶어 했다. 또 정이의 부모는 강박과 위축의 어려움을 가진 내향적 성향의 정이가 적극적이며 활발한 아이로 변화되길 바랐다.

이러한 바람은 비단 두 부모만의 이야기는 아닐 것이다. 많은 부모가 외향적 기질을 가진 아이가 차분하고 얌전해지기를, 내향적 기질의 아이가 활발한 성격을 갖게 되기를 원한다. 그러나 외향성이나 내향성은 에너지의 방향을 의미하는 것으로, 타고난 기질의 방향은 쉽게 바뀌지 않는다. 그래서 외향적 기질의 아이는 돌봄을 잘 받으면 리더십 있는 활발한 아이로 자라고, 내향적 기질의 아이는 돌봄을 잘 받으면 신중하고 사려 깊은 아이로 자라게 된다. 이처럼 기질은 돌봄, 즉 양육 환경과 맞물려 변화를 겪으며 발달해 간다.

· 기질에 맞는 양육이 필요하다 ·

　타고난 것도 중요하고, 환경도 중요하지만, 더 중요한 것은 "기질과 양육이 어떻게 상호작용하는가"라고 할 수 있다. 기질에 맞는 양육의 조화, 이것을 발달 심리학에서는 '조화의 적합성'(goodness of fit)[4]이라고 한다. 이 얼마나 어려운 말인가? 말만 어려운 것이 아니라 실천도 좀처럼 쉽지 않다. 예민하고 까다로운 기질의 아이를 키워 보았는가? 작은 소리에도 잠을 깨고, 옷에 붙은 상표가 몸에 닿는 것조차 질색하는 아이를 떠올려 보라. 내 아이이지만, 까다로운 기질의 아이를 키우기란 만만치 않은 일이다. 또 낯선 환경에 적응하기 어려워하는 느린 기질의 아이를 바라보는 부모의 심정은 오죽하겠는가?

　그렇다면 이렇게 기질과 양육의 조화가 지닌 어려움은 어떻게 극복될 수 있을까?

　첫 번째 비법은 우리 아이가 가진 기질의 유형을 파악하는 것이다(성장을 위한 Tip '우리 아이 기질 찾기' 참고). 아이가 어떤 기질을 타고났는지를 알려면 세심한 관찰이 필요하다. 아이가 가진 전반적인 생활의 규칙성, 활동 수준의 정도, 새로운 자극에 대한 태도(접근 vs 회피)와 적응력, 반응의 강도 등을 민감하게 살펴보면, 아이의 기질 특성을 파악하고 이해할 수 있다. 먼저, 아이의 기질을 알아야 그 행동을 이해하고, 대처할 수 있다.

두 번째 비법은 그 기질이 가진 장점, 즉 긍정적 측면을 보는 것이다. 기질은 그 아이의 고유한 특성이며 살아가는 데 유리하게 쓰일 전략이다. 그러니 기질을 향한 시선을 달리 가져 보자. 예를 들어, 까다롭고 예민한 기질의 아이는 예민한 만큼 민감성이 뛰어나고 섬세하며 창의적인 아이들이 많다. 그리고 느린 기질의 아이는 시간이 걸리긴 하지만, 그만큼 신중하고 조심성이 있다. 순한 기질의 아이는 너무 순하여 보채거나 요구하는 것이 적다 보니 부모가 자칫 둔감해질 수 있어 주의해야 한다.

앞서 나누었던 열이와 정이 이야기도 좋은 예가 될 수 있다. 열이는 공격성이 높은 외향적인 아이, 정이는 위축된 내향적인 아이인데, 기질적 장점으로 접근해서 보면 열이는 호기심이 많고 활동적 에너지를 가진 아이, 정이는 섬세하고 민감한 아이다. 그래서 상담을 통해 열이는 에너지를 충분히 발산하고 주도성을 발휘할 수 있도록 도왔고, 정이는 심리적 안정감 속에서 자신을 표현할 수 있는 기회를 마련해 주었다. 열이는 호기심을 표현하고 적극적으로 탐험하면서도 스스로 조절하는 힘을 점차 길러 갔다. 정이는 지지받는 분위기에서 안정감을 느끼며 강박적인 모습이 점차 완화되었다.

세 번째 비법은 기질을 하나님이 주신 선물로 인정하는 것

이다. 기질은 내가 선택할 수 있는 것이 아니라, 태어날 때부터 받은 특성이자 성격을 이루는 바탕이다. 그래서 아무리 고치려고 해도 쉽게 바뀌진 않는다. 이것이 기질과 싸우고 씨름할수록 점점 더 지치게 되는 이유이다. 생각해 보면, 과거에 내가 지닌 기질을 고치는 것이나 고침을 받는 것이 얼마나 힘겨웠던가? 생긴 그대로의 기질을 지지받지 못하고, 다른 모습을 강요받을 때 얼마나 어려웠던가?

너무 당연한 말이지만, "콩 심은 데 콩 나고, 팥 심은 데 팥 난다." 땅이 아무리 좋아도 콩이 팥이 되진 않는다. 아이들은 형형색색의 씨앗과도 같다. 부모가 비옥한 땅이 되어 열심히 품고 기다려 주면, 저마다 다른 색을 가진 튼튼한 열매로 자랄 뿐이다. 식물을 키우는 데는 정성도 중요하지만, 씨앗의 특성에 맞는 보살핌이 전제되어야 한다. 씨앗의 종류에 따라 물과 햇빛도 달리 주어야 하고, 꽃이 피고 열매를 맺는 시기 또한 내 맘과는 전혀 상관없다. 콩은 콩답게 팥은 팥답게 자라날 뿐이다. 콩을 콩답게 팥을 팥답게 만드신 분이 바로 아버지 하나님이시다. 그러므로 하나님이 지으신 기질은 고치는 것이 아니라 받아들이는 것이다.

하나님이 인간의 기질을 어떻게 대하시는지를 알 수 있는 장면이 출애굽기에 등장한다. 여호와께서 모세를 불러 바로에게 가라고 하실 때, 모세는 지팡이가 뱀으로 변하는 이적을 보고서도, 여호와께 자신이 본래 말을 못 하는 자이니 "보낼 만한 자를 보내소서"(출 4:13)라고 말한다. 여호와께서는 "나는 입이 뻣뻣하고 혀가 둔한 자니이다"(출 4:10)라고 말하는 모세를 위해 말 잘하는 형 아론을 붙여 주셨다. 입을 지으신 여호와께서 모세의 말하는 능력 하나를 바꾸지 못해서 아론과 함께 가라고 하셨겠는가? 하나님은 우리를 제각기 고유하게 지으셨고, 또 각 쓰임새에 맞게 지으셨다. 무엇보다 하나님 자신의 형상을 따라 우리를 지으셨다.

> 하나님이 자기 형상 곧 하나님의 형상대로 사람을 창조하시되 남자와 여자를 창조하시고 _창 1:27

그러니 이제부터라도 생긴 대로 살아 보자. 하나님이 나를 어떻게 지으셨는가를 알고, 하나님의 형상대로 사는 것이 바로 '생긴 대로 사는 것'이다. 이미 우리는 존귀하고 거룩한 하나님의 성품을 쏙 빼닮은 자녀로 지음받았다. 하나님이 나와 아이를 아주 특별하고 정성스럽게 지으셨다는 것을 인정하고, 찬양하자. 우리가 소유한 하나님 형상의 유전자를 믿어 보자. 부모로서 우리 아이만이 가진 고유한 기질과 성품을 알아봐 주고, 있는 그대로 받아들이는 것이야말로 하나님의 놀라운 창조성을 인정하는 길이다.

`성장을 위한 Tip`

우리 아이 기질 찾기

아이를 키우다 보면, 한 부모 밑에서 태어난 한 형제인데도 정말 다르다고 느낄 때가 있다. 그만큼 기질은 개별적이며 고유한 아이의 타고난 특징이다. 아이의 기질은 영아기 때부터 행동이나 정서 표현이나 환경에 대한 반응 등을 통해 일찌감치 알아볼 수 있다.
우리 아이는 어떤 기질과 성향을 타고났을까? 또 부모인 나는 어떤 기질과 성향을 지녔을까? 심리학자들이 제시한 기질 유형을 통해 알아보자.

1. 순한 아이 vs 까다로운 아이 vs 느린 아이 [5]

○ 순한 아이
- 자는 것, 먹는 것, 배변 등의 생리적 리듬이 규칙적이고 예측 가능하다.
- 새로운 상황에 잘 적응하고, 긍정적이며 명랑하다.
- 부모들은 "수월하게 키웠다"라고 보고한다.
- 너무 순해서 부모가 자칫 내버려 두지 않도록 주의해야 한다.

- 아이가 원하는 것, 불편한 것이 있으면 말로 표현하고 알릴 수 있도록 가르친다.
- 아이가 경쟁 관계에 놓일 때, 지나치게 스트레스받거나 포기하지 않도록 격려한다.

○ 까다로운 아이
- 자는 것, 먹는 것, 배변 등의 생리적 리듬이 불규칙적이다.
- 새로운 상황이나 낯선 사람에 대한 적응이 어렵다.
- 불편하거나 싫은 것에 대해 강한 반응을 보인다.
- 부모는 아이의 예민한 특성을 기질로서 이해하고, 비난하지 않도록 주의한다.
- 아이에게 민감하게 반응해 주고, 아이가 불편함을 조금씩 견뎌 나갈 수 있도록 방법을 찾는다.
- 회피적인 모습을 보이더라도 긍정적으로 믿어 주고 격려한다.

○ 느린 아이
- 새로운 상황이나 낯선 사람에 대해 불안해하며 위축된다.
- 환경적 자극과 변화에 대해 적응하는 데 시간이 걸린다.
- 부정이나 긍정 등의 자기표현을 어려워한다.
- 편안하게 느끼고 표현할 수 있도록 기다려 주면 적응하는 모습을 보인다.
- 부모는 아이를 답답하게 여기며 다그치지 않도록 주의한다.
- 실수했던 것을 다시 도전해 볼 수 있도록 지지해 준다.

2. 독수리형 vs 앵무새형 vs 올빼미형 vs 비둘기형[6]

○ 독수리형(외향성, 성취 중심)
- 경쟁심이 많고 목표 의식이 뚜렷하며, 활동적이다.
- 친구와 경쟁 놀이하는 것을 좋아하며, 지는 것을 못 참는다.
- 주도할 기회를 주고, 비전을 심어 줄 역할 모델을 찾도록 돕는다.
- 경쟁에 대한 압박을 덜 받도록 과정에 관해 질문하고 칭찬해 준다.

○ 앵무새형(외향성, 관계 중심)
- 사람과의 관계가 행동의 목표이며, 상상력이 풍부하다.
- 놀이의 종류와 상관없이 많은 아이와 함께 노는 것 자체를 좋아한다.

- 관심을 많이 표현해 주고, 감정을 표현하는 활동에 참여하도록 돕는다.
- 즉흥성을 보완할 수 있도록 계획을 세워서 생활하는 연습을 해 본다.

○ 올빼미형(내향성, 성취 중심)
- 시간이 오래 걸려도 정확하고 꼼꼼하게 완성하는 것을 좋아한다.
- 어울려 놀기보다는 혼자 조용히 노는 것을 좋아한다.
- 기다려 주는 태도, 격려와 구체적인 칭찬이 필요하다.
- 자기표현이 많지 않으므로 표현할 수 있도록 질문해 주고, 공감해 준다.

○ 비둘기형(내향성, 관계 중심)
- 사람과 함께하기를 좋아하나 나서는 것은 부담스러워한다.
- 무리 속에서 놀지만, 놀이를 주도하지는 않으며 갈등을 싫어하여 양보한다.
- 익숙하고 편안한 환경, 친구들과 함께할 수 있는 놀이 환경을 제공해 준다.
- 심사숙고하는 성향이므로 다그치지 말고 결정을 기다려 준다.

08

지으신 그대로의 자존감

경이는 늘 화가 나 있는 것처럼 보이는 8살 남자아이였다. 학교는 경이의 상담을 의뢰하면서 친구가 지나가다 실수로라도 툭 치면 경이는 참지 못하고 싸우거나 서럽게 울기를 잘하며, 쉽게 마음이 상하는 아이라고 전했다.

나와 처음 만난 날, 경이는 자유 작업으로 탱크를 만들었다. 경이는 색점토를 뭉쳐서 탱크 모양을 만들고는, 색깔 이쑤시개를 사방으로 뾰족하게 꽂으며 "공격받기 전에 먼저 쳐야 해요"라고 말했다. 경이의 탱크는 마치 "아무도 날 건드리지 마! 다가오면 뾰족한 가시로 다 찔러 버릴 거야!"라고 소리치는 것만 같았다.

 학교에서는 이미 공격적인 말썽꾸러기로 낙인찍혀 있었지만, 사실 경이는 공격받을 것이 두려워 날을 세우고 있는 고슴도치와도 같은 아이였다. 경이는 학교에서 왜 고슴도치처럼 날을 세워야만 했을까? 왜냐하면 친구들이 다 자기를 싫어하고 무시한다고 생각했기 때문이다. 더 정확히 말하자면, 친구들이 아니라 자신 스스로 그렇게 생각했기 때문이다.

• 부모의 말 한마디 •

'자신에 대한 생각과 평가'를 '자존감'이라고 한다. 내가 나를 어떻게 생각하고 바라보느냐가 곧 자존감을 만든다. "나는 완벽하진 않아도 그런대로 괜찮은 사람이야"라고 생각하는 사람이 대부분 자존감이 높은 사람들이다. 반면에 "나는 잘하는 것이 하나도 없는 무가치한 사람이야, 사람들도 나를 싫어할 것 같아"라고 생각하는 사람은 자존감이 낮은 사람이다.

자존감이 낮은 사람은 남이 아무리 "예쁘다, 정말 사랑스럽다"라고 칭찬해 주어도 믿지 않는다. 예전에 아름다운 한 여성을 만났는데, 나와 다른 사람들이 그 여성에게 예쁘다고 하니 오히려 화를 내어 당황한 적이 있었다. 자신은 한 번도 자신이 예쁘다고 생각해 본 적이 없다고 말하며, 사람들이 자신에게 예쁘다고 하면 놀리는 것 같다고 했다. 나중에 알고 보니, 그 여성의 언니는 그 지역 미스코리아 출신이었고, 그 집에서는 이 여성을 '미운 오리'라고 부르며 키웠다고 한다. 그제야 나는 그 여성이 이해되면서도, 그녀 자신이 아름다운 사람이라는 것을 모른 채 평생 살아왔을 것을 생각하니 안타까웠다. 아무리 좋은 것을 가지고 있어도 그것이 내 것인지 모른다면, 내 것이 되지 않는다.

아이의 자존감에 영향을 주는 다양한 요인이 있지만, 무엇보다 강조되는 것은 부모의 영향이다. 아이를 대하는 부모의 말 한마디, 시선이 하나둘 모이고 쌓여서 아이 자신에 대한 이미지, 즉 자아상을 만든다. 자존감은 이 자아상이 어떠하냐에 따라 결정된다. 처음엔 부모의 시선이었지만, 점차 아이 자신의 시선이 되어 간다. 집에서 미운 오리로 불리었던 여성이 스스로 자신을 미운 오리로 여기는 것처럼 말이다.

경이도 마찬가지였다. 부모는 아들 경이가 늘 탐탁지 않았다. "어떻게 받아쓰기를 틀릴 수가 있죠? 어렵지도 않은걸"이라는 말에서 어머니가 가진 높은 기준과 기대를 알 수 있었다. 하루는 받아쓰기 연습을 하다가 엄마에게 혼나던 경이가 갑자기 자기 머리를 주먹으로 세게 때리며 "바보, 멍청이"라고 욕을 했다고 한다. 그러고는 어느 날부턴가 늘 순했던 경이가 화를 내기 시작했고, 공격적인 아이로 변해 갔다. 처음엔 부모가 아이를 비난했는데, 어느 순간부터 경이가 자신에게 화살을 겨눈 채 스스로 화를 내고 있었다.

부모님의 높은 기준 외에, 경이의 낮은 자존감을 만든 또 다른 원인은 부모님의 지나친 코칭(coaching)에 있었다. 코칭은 본래 좋은 의미이지만, 아이가 못 미더워 부모가 침범하며 하나하나 잔소리를 하는 것은 아이 자존감에 악영향을 끼친다.

경이의 부모는 경이가 실수하거나 뒤처지는 것이 싫어서 하나하나 알려 주고 고쳐 주어야 한다고 생각했다. 그러다 보니 매사에 아이를 주시하며 "잘하고 있니? 해야 할 일을 다 한 거야?" 하며 일일이 체크했다. 그렇게 알려 주고 고쳐 주려고 노력하는데도 경이가 나아지지 않자 "엄마가 너 학원 보내려고 얼마나 힘들게 일하는지 알아?", " 너에게 실망스럽다"라고 한탄하기에 이르렀다. 그때마다 경이는 자신이 부모를 만족시킬 수 없는 나쁜 아이로 생각되어 죄책감을 느꼈을 것이다.

경이는 상담실에서 나와 놀이를 하면서도 중간중간 자신이 잘했는지 못했는지 계속 평가하는 모습을 보였다. 또 자신이 만들 수 없는 어려운 조형물을 만들겠다고 나서거나, 자신의 능력보다 높은 수준의 목표를 세우는 일이 많았다. 그러다 실패하게 되면, 자신은 못 한다며 다시 도전하지 않는 모습을 보였다.

자존감 낮은 경이를 돕기 위해 내가 한 일은 기준을 낮추는 일이었다. 기준을 낮추면, 성공 경험이 증가하게 되어 있다. 경이는 성공 경험과 함께 "네가 했구나, 네가 해냈네!"라는 상담자의 말을 들으며, 자기도 할 수 있다는 '자신에 대한 믿음'을 갖기 시작했다. 경이는 새로운 것에 조금씩 도전하며 공격적인 아이에서 주도적인 아이로 변모해 갔다.

성공 경험이 재밌는 점은 정말로 성공해야만 느끼는 것은 아니라는 데 있다. 경이와 나는 혹여 컵을 높이 쌓다가 실수로 무너뜨리는 일이 생겨도 "더 재미있는 무너뜨리기 놀이를 할 수 있으니 괜찮다"라며 신나게 놀았다. 실수해도 성공한 것이 될 수 있는 이유는 기준이 달라졌기 때문이다. "완벽하지 않아도 돼, 그 정도면 충분해"가 기준이 되면 성공 경험이 늘어 간다. 경이는 그렇게 성공 경험을 쌓아 갔다.

· 자존감 높은 사람의 특징 ·

성공 경험의 중요성은 이미 긍정 심리학자인 마틴 셀리그만(Martin Seligman)의 초기 실험에서 증명된 바 있다[7]. 그는 개들을 대상으로 세 개 집단을 나눈 후, A 집단은 바닥에 충격 장치가 흐르나 버튼을 누르면 충격을 멈출 수 있는 공간에 넣었고, B 집단은 어떤 행동을 해도 바닥의 충격 장치를 멈출 수 없는 공간에, C 집단은 충격 장치가 없는 공간에 넣었다. 각각 지속적인 실험을 거친 후에 실험 조건을 바꾸었는데, 세 개 집단 모두 충격을 받으면 피할 수 있는 조건의 공간에 집어넣었다.

결과는 어떻게 되었을까? A 집단의 개들이 바로 충격을 피하고, 그것을 본 C 집단의 개들도 충격을 피했는데, B 집단의 개들은 충격을 피할 수 있음에도 피하지 못한 채 충격을 계속 받아 내는 무기력한 모습을 보였다. 여기에서 나온 개념이 바로 '학습된 무기력'이다.

셀리그만의 실험은 자신이 아무리 노력해도 잘 해낼 수 없고, 부모를 만족시킬 수도 없다고 학습된 아이들에게 무엇이 필요한지를 잘 보여 준다. 자존감이 낮은 아이들에게 필요한 것은 바로 '자기 자신에 대한 긍정적 경험'이다. 그리고 이 긍정적 경험이 쌓여서 만들어진 것이 자존감의 요소인 '자기 가치감'이다.

언제부터였을까? 나 스스로 내가 가치 있다고 느꼈던 때가? 돌아보니 정확히 그때부터였다. 바로 내 삶에서 예수님을 처음 만났던 중학교 2학년 때부터다. 그전에는 내가 사랑받을 만한 괜찮은 아이라는 생각이 들지 않았다. 칭찬에 인색한 부모님의 인정을 받기 위해 열심히 노력하면서도 난 늘 내가 부족하게만 느껴졌었다. 그런데 예수님을 만나고 나서부터 내가 다르게 느껴졌다.

예수님은 내가 아무것도 하지 않아도 나를 있는 그대로 사랑해 주셨고, 기도 같지 않은 작은 중얼거림에도 하나하나 응답해 주셨다. 또 나를 대신해서 죽으실 만큼, 내가 가치 있다고 하셨다. 그렇게 사랑받고 있다는 충만함에 가슴이 벅차올랐고, 그

감격이 나의 자존감이 되었다. 날 귀하게 여겨 주시고 돌보아 주시는 그 손길 덕분에 나 자신이 가치 있게 느껴졌다.

사도 바울도 그랬을 것이다. 예수님을 핍박하는 데 앞장섰던 자신인데도 "우리가 아직 죄인 되었을 때에 그리스도께서 우리를 위하여 죽으심으로 하나님께서 우리에 대한 자기의 사랑을 확증하셨느니라"(롬 5:8)라고 고백할 만큼 자신이 사랑받고 있으며 가치 있는 자라는 것을 알았을 것이다.

사도 바울은 자존감 높은 사람의 특징을 잘 보여 준다. 자존감이 높은 사람은 자기 가치를 알고, 실패를 두려워하지 않는다. 그는 자신의 능력이나 학식으로 자기 가치를 매기는 것이 아니라 존재로서의 가치, 즉 부르심 받은 자로서의 자기 가치를 충분히 안 상태에서 소명의 길을 달려갔다.

또한 실패를 두려워하지 않았으며, "비천에 처할 줄도 알고 풍부에 처할 줄도 알아 모든 일 곧 배부름과 배고픔과 풍부와 궁핍에도 처할 줄 아는 일체의 비결을"(빌 4:12) 배웠다고 고백한다. 심지어 "너무 자만하지 않게 하시려고 내 육체에 가시 곧 사탄의 사자를 주셨으니"(고후 12:7)라고 하며 자신의 연약함도 받아들이고 감사해한다.

그러므로 내가 그리스도를 위하여 약한 것들과 능욕과 궁핍과

박해와 곤고를 기뻐하노니 이는 내가 약한 그때에 강함이라
_고후 12:10

얼마나 놀라운 자존감인가? 사도 바울의 자존감은 자신의 존재 그대로의 가치, 지으신 그대로 사랑받은 것에서 나온다. 부모와 아이의 자존감 역시 있는 그대로 값없이 사랑받을 때 가능하다.

우리는 완전한 사랑, 조건 없는 사랑을 받았으면서 왜 사랑하기가 이리도 힘들까? 실패할 때마다 안아 주시는 그 사랑을 받았으면서도 왜 우리는 아이들을 안아 주기가 힘들까? 부모인 우리가 너무 연약한 탓이다. 우리의 연약함을 통해 아이를 바라보니 기준만 높아지고, 아이들은 두려움만 쌓아 간다.

그러니 연약한 우리에게 가장 필요한 것은 은혜밖에 없다. 그 은혜를 힘입어 우리가 받은 긍정적인 경험을 이젠 우리 아이들에게 돌려주어야 한다. 부모인 우리가 하나님 아버지의 품을 대신 전해 주어야 한다. 우리는 그리스도의 편지가 아닌가? 아이들에게 우리의 가치가 어디에서 오며, 우리의 신분이 무엇인지를 말해 주자. 우주보다 크고 위대하신 하나님이 지켜 주시는 존재가 바로 우리라고 자랑하자. 나의 어두운 면, 사랑스럽지 않은 면까지 모두 이해해 주시고, 충분하니 괜찮다고 해 주

신 주님을 부모로서 대신 보여 주는 것, 이것이 바로 부모의 사명이다.

> 너희 아버지의 자비로우심같이 너희도 자비로운 자가 되라
> _눅 6:36

2부

그림으로 읽는 부모 마음

부모가 먼저 위로받아야 한다

상처가 있어도 아픈 줄 모르거나 아프면 안 된다고 생각하는 부모가 많다. 하지만 부모도 자신의 지친 마음과 상처를 돌보아야 한다. 그 지친 마음을 하나님 아버지 앞에 내려놓자. 세상이 줄 수 없는 위로, 하늘로부터 오는 위로를 차고 넘치게 부어 주실 것이다.

09

부모도 아프고 힘들다

아동 상담의 대상은 아동만이 아니라 아동과 부모라고 한다. 이 말은 아동과 그 부모를 떼어 놓고 이야기할 수 없으며, 변화의 대상이 아동만이 아니라 그 부모도 포함된다는 뜻이다. 이처럼 아이와 부모의 관계는 데칼코마니처럼 서로 맞닿아 있다. 마치 한쪽 종이에만 펼쳐져 있던 물감 얼룩이 다른 종이에 묻어 그대로 나타나는 것처럼, 부모의 아픔과 어려움은 아이에게 고스란히 옮겨진다. 그래서 아동 상담을 하다 보면 아이 이야기만 듣게 되는 것이 아니라 그에 못지않게 부모 이야기를 마주하게 되고, 심지어는 아이보다 부모의 이야기를 더 많이 들어주어야 하는 때도 있다.

부모들은 처음엔 아이 키우기가 얼마나 힘들고 고통스러운지를 호소하곤 한다. 어떤 아버지는 "저보고 군대에 다시 가라고 해도 가겠어요. 군대보다 회사보다 우리 아이 키우는 게 더 힘들어요"라고 말하기도 했다. 그러다가 분명 아이 이야기로 시작했던 부모의 호소가 어느새 다른 이야기로 넘어가기 시작한다. 어떤 이는 배우자인 아내나 남편을 원망하며 비난하고, 어떤 이는 자신이 부모에게 받은 상처를 쏟아 내기도 한다. 또 어떤 이는 아이를 양육하며 많은 것을 희생해 온 자신을 한탄하기도 한다.

이들 모두 자녀 양육의 어려움을 해결하려 상담실을 찾아왔지만, 실은 자신이 더 아프다는 사실을 잘 모른다. 우리는 모두 완벽한 부모가 아닌 탓에 자녀에게 상처를 주기도 하지만, 동시에 상처받은 자이기도 하다. 상처가 있어도 아픈 줄 모르거나 아프면 안 된다고 생각하는 부모들이 너무 많다. 그러나 부모도 상처가 있으면, 적절한 치료와 돌봄을 받아야 한다. 어떻게 피를 뚝뚝 흘리는 채로 이 긴 여정을 걸어가겠는가? 아무렇지도 않은 체하며 아이 뒤에 숨지 말고, 부모도 자신의 지친 마음과 상처받은 마음을 돌보아야 한다.

• 까치발을 든 엄마와 껌딱지 딸 •

설이 어머니는 '사과나무에서 사과를 따는 사람'을 주제로 그림을 그리고 나서 여자의 뒷모습이 자신 같다고 말했다. 최선을 다해 손을 뻗으며 까치발을 들어 보지만, 손에 잡힐 듯 말 듯한 사과, 너무 높아 다다르기 힘든 사과를 보며 설이 어머니는 자녀를 양육하느라 애쓰고 지친 자신의 모습을 떠올렸다.

워킹맘은 회사에서 퇴근하면, 집으로 다시 출근한다는 말이 있다. 설이 어머니는 어린이집에서 아이를 찾아 집으로 출근하는 워킹맘이었다. 아이를 먹이고 씻기고 재우다 보면, 혼자 있

는 시간이 너무 고파 밤잠을 줄이게 되고, 매일매일 피로가 쌓여 간다고 한다. 설이 어머니는 예배를 제대로 드려 본 적이 언제인지 기억조차 가물가물하다고 말한다.

설이는 일명 엄마 껌딱지였다. 엄마에게서 잘 떨어지지 않고, 늘 엄마의 의견을 물어보는 의존적인 아이로, 성격이 예민하여 엄마에게 요구가 많은 설이를 키우느라 그녀는 자신이 살찔 틈도 없이 말라 간다고 하소연했다. 게다가 평소 예민하고 긴장감이 높은 남편은 집 밖에서는 좋은 사람이지만, 집안에서는 모든 것을 받아 달라고 요구한다면서 설이와 설이 아빠가 자신만 바라보는 것이 너무 힘들다고 호소했다.

그렇게 처음엔 아이의 문제점과 아이가 자신을 얼마나 힘들게 하는가에 관해 쏟아 내던 설이 어머니는 상담 회기가 지남에 따라 "누가 나에게 기대고 바라는 것"의 의미를 찾아가기 시작했다.

설이 어머니의 스토리는 이랬다. 그녀가 남들보다 늦은 나이에 결혼을 결정했을 때, 집에서는 영 반기는 눈치가 아니었다고 한다. 어릴 때부터 총명했던 그녀는 가난하고 무능력한 아버지와 허드렛일로 생계를 꾸리는 어머니의 하나뿐인 희망이었다. 바쁘고 고단한 어머니를 대신해 집안일과 동생을 돌보며 자랐고, 명문대에 입학한 이후에는 줄곧 과외를 하며 돈을 벌어야 했다. 그렇게 그녀는 결혼 전에도 결혼 후에도, 평생 누군가를 위해 무언가 '해내야 하는 사람'이었다.

설이 어머니는 자신은 최선을 다해 살아왔는데, 왜 남편도 주변 사람들도 아이의 문제는 엄마 잘못이라고 비난하는지 모르겠다며 내게 물었다. 그녀 스스로도 자신이 무얼 잘못한 것인지 온종일 찾고 있다면서 자기가 무얼 해내면 될지 답을 달라고 했다.

그녀의 잘못이 뭐가 있겠는가? 그저 다른 사람을 위해서 사느라 자기 마음의 공간이 너무 없었고, 사랑보다 일이 우선인 환경에서 성장한 탓에 '열심히 일하는 사랑'을 해 왔을 뿐이다. 그녀는 설이와 집에 있을 때도 온전히 아이와 마주 보며 놀아 줘 본 적이 없다고 말했다. 아이와 노는 시간에도 동시에 집안일을 해야 했고, 늘 할 일이 많았던 그녀는 아이가 빨리 잠자리에 들기만을 바랐다.

그러다 보니 엄마가 자신을 거부하는 것처럼 느끼게 된 설이는 엄마에게 더 매달리며 보챘고, 설이 어머니는 딸이 자신만 바라보는 것 같으니 '누가 나에게 기대고 바라는 것'의 이슈가 다시금 올라와 부담감에 짓눌렸을 것이다. 그동안 그 삶의 무게가 얼마나 무거웠을까? 그녀의 작은 어깨에 올려진 가족들의 무게가 얼마나 힘겨웠을까?

· 사랑받을 자격이 없다는 오해 ·

설이 어머니에게 필요한 것은 비난도 자책도 아닌 '위로'였다. 그녀의 마음속 깊은 곳을 들여다보니 남편에게 위로받고 이해받고 싶은 마음이 숨어 있었고, 더 깊은 곳에는 하나님에 대한 오해로 멍든 마음이 자리 잡고 있었다. 하나님도 자신이 무언가 해내야만 사랑해 주시리라는 오해 때문에, 자책감이 너무 큰 나머지 위로는커녕 자신을 정죄하기 바쁜 삶이었다.

자신이 정말로 원하는 것이 무엇인지, 또 어떤 오해 속에서 살아왔는지를 알게 된 설이 어머니에게 작은 변화가 시작되었다. 역시 안다는 것은 좋은 일이다. 그녀는 자신이 원하는 것을 남편에게 조금씩 표현하기 시작했고, 아이와 온전히 놀아 주는 시간을 만들어 갔다. 무엇보다도 자신을 위한 고요한 시간이 필요하다고 느낀 그녀는 힘든 상황 속에서도 짬을 내어 말씀 읽기를 시작했다. 내가 옆에서 한 일은 그 시작을 응원한 것이 전부다. 모든 것은 오랫동안 오해받으며 억울하실 법도 한 하나님이 다 하셨다. 끝까지 포기하지 않으시고, "그래도 나는 너를 사랑한단다"라고 끈질기게 말씀하셨다.

지친 부모의 마음을 알아줄 이가 하나님 말고 또 있을까? 징글징글하게 말 안 듣고 힘들게 하는 자식들을 견뎌 오신 분이 아닌가! 이사야 1장 2절을 보면 양육자이신 하나님이 자녀인 이스라엘을 얼마나 사랑하셨는지, 또 그 자녀가 거역했을 때 얼마나 마음 아프셨는지가 절절하게 전해져 온다.

> 하늘이여 들으라 땅이여 귀를 기울이라 여호와께서 말씀하시기를 내가 자식을 양육하였거늘 그들이 나를 거역하였도다
> _사 1:2

자식들 때문에 속이 많이 상하셨을 하나님이 부모의 속을 오죽 잘 알아주시겠는가? 또 아둔한 우리가 부모가 되지 않았더라면, 이스라엘을 양육하신 하나님의 아픈 마음을 어떻게 짐작조차 했겠는가? 우리가 뭐라고 하나님이 우리에게 귀한 생명을 맡기시고, 부모가 되어 하나님 마음에 동참하게 하시는가? 이렇게 은혜로우신 하나님이 우리 아버지이시다. 하나님만큼 부모의 마음을 잘 알아주실 분이 없으니, 그 지친 마음을 아버지 앞에 내려놓자. 세상이 줄 수 없는 위로, 하늘로부터 오는 위로를 차고 넘치게 부어 주실 것이다.

여호와의 은혜의 해와 우리 하나님의 보복의 날을 선포하여 모든 슬픈 자를 위로하되 무릇 시온에서 슬퍼하는 자에게 화

관을 주어 그 재를 대신하며 기쁨의 기름으로 그 슬픔을 대신하며 찬송의 옷으로 그 근심을 대신하시고 그들이 의의 나무 곧 여호와께서 심으신 그 영광을 나타낼 자라 일컬음을 받게 하려 하심이라 _사 61:2-3

> 부모 돌봄을 위한 Tip

사과나무에서 사과를 따는 내 모습

'사과나무에서 사과를 따는 사람'(Person Picking an Apple from the Tree, PPAT)은 미술 교육자 로웬펠드(Lowenfeld)에 의해 처음 사용된 기법으로, 현재는 그림 검사 도구(PPAT)로 개발되어 널리 사용되고 있다. 성경에서도 나무를 사람에 빗대어 설명하는 예가 많을 정도로 나무는 인생과 닮아 있다. 여기에서는 검사와 해석이라는 관점을 배제하고, 편안하게 접근해 보자.

1. 깨끗한 도화지나 종이와 12색 사인펜(또는 색연필)을 준비한다.

2. '사과나무에서 사과를 따는 사람'을 그려 본다. 너무 깊이 생각하지 말고, 그냥 떠오르는 대로 편안하게 그려 보자. 그림을 잘 그리고 못 그리는 것은 전혀 중요하지 않다.

3. 그림을 다 그리고 나서 그림의 분위기, 나무의 건강 상태와 특징, 사과를 따는 사람이 '사과 따기'라는 문제를 어떻게 해결하고 있는지, 그 모습이나 감정은 어떠한지 등을 살펴본다.

4. 그림에 나타난 표현을 자신과 연결 지어 생각해 본다. 나에게 '따고 싶은 사과' 혹은 '따야 할 사과'란 무엇인지 생각해 본다.

5. 그림을 통해 만난 나의 모습을 주님 앞에 아뢰고, 그림 속의 나에게 무슨 말씀을 하고 계신지 기도를 통해 듣는다.

6. 주님이 나를 보듬고 만져 주시길 기도한다.

10

부모 마음속에 사는 그림자 자녀

"괴롭다, 화난다, 지친다, 짜증 난다, 후회스럽다."

이 다섯 개의 단어는 내가 한 어머니에게 물었던 질문의 답변이다. 그 질문은 "자녀를 떠올리면, 생각나는 단어가 무엇인가요?"였다. 그녀는 수많은 감정 단어 카드 중에서 이 다섯 개 단어를 신중히 골라냈다. 세상에 많고 많은 단어 중에서 왜 하필이면, '괴롭다, 화난다, 지친다'와 같은 단어들이 떠올랐을까?

그녀는 자녀가 하는 행동이 하나도 마음에 들지 않아 괴롭다고 했다. 아이가 잘못한 행동을 고치지 않아 답답하여 말을 들을 때까지 소리쳤더니 결국 자신은 소리만 지르는 엄마가 되었다고 한숨을 내쉬었다. 소리치고 후회하기를 반복하다가 어느

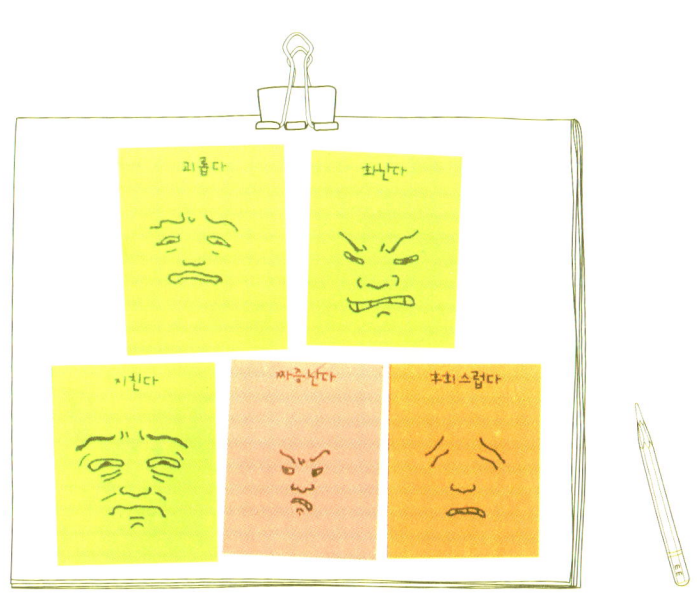

순간 자신이 왜 결혼해서 아이를 낳았을까 하는 후회까지 들었다고 한다. 얼마나 괴로우면 하늘이 주신 생명을 낳은 걸 후회하게 될까? 분명 생명은 축복인데도, 이 생명을 복으로 받지 못하는 부모 마음은 오죽하겠는가?

아이를 키우며 괴로워하는 부모들을 상담하다 보면, 그들이 보는 자녀의 이미지가 상당히 부정적이라는 공통점이 있다. 그리고 그런 부모의 시선은 대부분 부모 자신이 가진 두려움이나 죄책감 또는 소망 같은 것들이 투사되어 나타나는 경우가 많다.

• 게으른 딸을 견딜 수 없는 엄마 •

투사(projection)란 '내 안의 것을 남에게 비추어 타인의 것으로 다루는 것'을 말한다. 쉽게 말하면, 그 사람이 실제로 어떤 사람인가와 상관없이 내가 가진 안경을 통해 바라보는 것이다. 같은 사람을 보면서 사람마다 다른 이미지를 갖게 되는 것도 각자 자신만의 안경으로 투사하여 보기 때문이다. 결국, 겉으로는 자녀를 바라보는 것 같지만, 무의식적으로 자기 자신을 보는 형태다.

사례를 통해 조금 더 살펴보자. 여고생 한이의 어머니도 자녀 양육이 힘들다고 호소하는 부모 중 하나였다. 한이 어머니에게 자기 자녀를 떠올릴 때 연상되는 것을 그려 보라고 했다. 한이 어머니는 딸을 생각하면 제일 먼저 자는 모습이 떠오른다고 했다. 내내 잠만 자는 딸이 좋아하는 것은 옷과 돈이어서 그것들을 그렸고, 매일 지각하고 시간 약속을 지키지 않는 딸이 걱정된다며 시계를 그려 넣었다. 어머니는 한이가 자기 할 일을 하지 않고 잠만 자는 것이나 옷이 그렇게 많은데도 계속 옷 타령, 돈타령을 하는 것이 이해가 안 된다고 말했다. 어머니는 딸의 시간 개념과 게으름이 걱정되어 잔소리해 보지만, 한이는 꿈쩍도 안 한다고 걱정한다. 어머니는 한이를 바라보며, 화가 치밀

다가 속상해서 울기를 계속 반복하고 있었다.

　물론, 사춘기 여고생을 키우는 일이 쉬운 일은 아니지만, 한이 어머니가 딸을 특히 못마땅해하는 이유는 그녀 자신의 그림자를 한이에게 투사하고 있기 때문이다. '그림자' 개념은 심층심리학 이론에서 나왔는데, 그림자란 쉽게 설명해서 '내가 갖고 있지만, 되고 싶지는 않은 나의 모습'을 뜻한다. 무의식 속에 자리한 그림자는 도저히 인정할 수 없는 나를 가리킨다. 이 그림자는 스스로 알아차리기가 어려워 투사를 통해서야 나타난다.

　한이 어머니의 그림자 중에 '부지런하지 않은 나'가 있었다.

그녀의 부모는 경제적 여유가 없었는데, 마음의 여유까지 없어서 딸에게 신경을 잘 써 주지 못했다고 한다. 남동생은 아들이라는 이유로 지원을 받았지만, 그녀는 큰딸이라는 이유로 모든 일을 스스로 해내는 것이 당연시되었다는 것이다. 대학 시절에 그녀는 아르바이트로 용돈을 마련하고, 열심히 공부하여 장학금까지 받는 학생이었고, 직장 생활을 할 때는 도시락을 싸서 다닐 정도로 아끼며 살았다. 그녀가 자기 자신을 지키고, 인정받는 길은 부지런하고 검소하게 사는 것이었다. 그래서 '부지런하고 검소하게 사는 나'가 아닌 모습들은 몽땅 그림자가 되어 무의식 속으로 숨어 버렸다. 그런데 하필이면 한이에게서 절제할 줄 모르고 게으른 모습을 보게 되니 견딜 수가 없었던 것이다.

한이 어머니는 자신이 마음껏 누리지 못하고 자란 만큼, 딸에게는 하고 싶다는 것을 다 해 주며 헌신적으로 키웠다고 한다. 문제는 딸이 엄마 마음을 몰라준다는 것이다. 그녀는 내게 같은 질문을 반복해서 했다.

"나는 받지 못한 것들을 딸에게는 다 해 주었어요. 그런데 왜 고마워하지 않죠?"

한이 어머니가 딸을 못마땅하게 여긴 진짜 이유가 여기 있다. 내가 어릴 적에 못 받은 것까지 열심히 해 주었는데, 딸이 엄마를 인정해 주지는 않고, 심지어 게으르기까지 한 것이다. 그녀의 그림자가 딸을 통해 투사되어 나타나니 몹시 맘에 들지 않았다. 그러나 이 딸은 진짜 한이가 아니라 한이 어머니가 보는 한이다. 즉 엄마의 마음속에 사는 그림자 자녀인 셈이다.

그림자는 인정하고 싶지 않은 내 모습이다. 한이 어머니의 경우에 부모님에게 용돈을 받으며 갖고 싶은 것을 다 갖고, 멋도 부리며 살고 싶은 '나'가 있었는데, 그녀의 가치관과 맞지 않으니 그 '나'는 부정적인 측면의 그림자가 되어 버렸다.

그러나 그림자 문제를 해결할 방법이 있다. 그림자를 수용하고 돌보는 것이다. 쉽게 말해서 내 안에 그림자가 있음을 받아들이고, 그림자의 모습을 괜찮게 여겨 주면 된다.

이쯤에서 어떤 이는 내게 따져 묻고 싶을지도 모르겠다. 그럼, 한이가 게으르고 멋만 부리는데 그냥 두고 보란 말이냐고…. 당연히 그것은 아니다. 한이 어머니가 자신의 그림자가 너무 짙은 탓에 딸의 청소년기 특성을 무시한 채 지나치게 반응할 수 있다는 것이다. 게다가 한이가 보이는 모습은 오히려 어머니 자신이 받고 싶었던 것을 대신 딸에게 지나치게 퍼부었기 때문일 가능성이 크다.

그러므로 자신의 그림자를 돌본다는 것은 곧 한이 어머니 자신 안에 있는 '부지런하지 않은 나'를 인정하고, 갖고 싶은 것은 가져도 된다고 자신에게 허용해 주는 것이다. 즉 그림자 안경을 통해서 딸을 보는 것이 아니라 맨눈으로 자신을 돌아보고, 돌보는 것이야말로 그림자를 해결하는 방법이다.

한이 어머니의 사례처럼 우리도 저마다의 그림자를 갖고 있다. 그림자가 중요한 이유는 그림자가 짙으면 짙을수록 자녀를 더욱 판단하며 정죄하게 되기 때문이다. 예를 들어, 선하고 완벽한 것에 대한 가치가 너무 높아 이에 대한 그림자가 짙어진 부모는 자녀가 선하고 완벽하지 못하다고 느껴질 때마다 자녀를 비난하게 된다. 조금이라도 악하거나 부족하게 될까 봐 두렵고, 이 부정에 대한 지나친 과민성이 결국 갈등과 같은 부정적 감정에 취약한 아이를 만든다. 부모 스스로도 마찬가지다. 선하고 완벽하지 못한 자기 모습을 조금도 인정하지 않거나 받아들이기 어려워한다. 안 그래도 한민족의 모성은 죄책감으로 뭉쳐 있어서 애가 아프기라도 하면 죄다 엄마의 잘못만 같은데, 엄마가 부족한 자기 모습을 어떻게 견딜 수 있겠는가? 그래서 우리는 그렇게 애쓰며 자녀를 키우고, 아이를 고쳐 주고 싶어 안달하는 것이다.

· 내가 가진 그림자와 마주하기 ·

이 그림자를 어떻게 해야 할까? 그림자를 알아차리는 것이 중요하다고는 하지만, 무의식 속 그림자를 들추어 보는 일은 막연할 수밖에 없다. 보고 싶지 않은 그림자를 마주하는 것 또한 가슴 아픈 일이다. 그래도 하나님은 우리가 어두운 그림자에 갇혀 사는 것을 원치 않으시기에, 우리는 치유하시는 하나님의 능력에 힘입어 나아갈 수 있다.

<mark>먼저, 내가 가진 그림자가 무엇인지부터 알아차리자.</mark> 그림자를 찾는 방법은 내가 싫어하는 사람의 특징, 자녀에게서 보기 싫은 모습, 내가 되고 싶지 않은 모습 등을 떠올려 보는 것이다. 처음엔 잘 떠오르지 않더라도 곰곰이 생각해 보면 알아차릴 수 있다.

<mark>다음은, 내가 가진 그림자가 만들어진 배경이나 경험을 떠올려 보자.</mark> 그림자에 영향을 준 가치관이 어디서부터 시작되었는지를 살펴보는 것이다. 그리고 나서 내가 내 안의 그림자의 흔적을 없애기 위해 해 왔던 그간의 노력을 떠올려 보고, 그런데도 남아 있는 모습이 있는지 들여다보자.

<mark>마지막 단계는 그림자의 인정과 수용이다.</mark> 이 단계가 가장 어렵고, 시간도 오래 걸린다. 이것은 내가 가진 그림자의 모습을 누군가에게서 인정받고 수용되는 경험을 통해 가능하다. 예를 들어, 한이 어머니는 '부지런하지도 검소하지도 않은 나'가 수용되는 경험을 해 보고, '조금 느긋해도 되고, 자기가 원하는 것

을 선택하며 살아도 괜찮다'는 것을 경험해 봐야 한다.

그런데 내가 가진 그림자를 가장 잘 아시고, 그 모습까지 온전히 사랑해 주시는 분은 오직 하나님 한 분뿐이다. 그림자마저 있는 모습 그대로를 인정하고 품어 주시는 하나님을 만나면, 비로소 나도 내 그림자를 받아들일 수 있게 된다. 내가 뭐라고, 하나님도 받아 주신 못나고 부족한 내 모습을 스스로 비난할 수 있겠는가?

수용됨을 경험해 본 자만이 수용할 수 있다. 우리가 주 앞에 내 그림자를 내려놓고 수용 받아봐야, 자녀를 향해 던지던 화살을 멈출 수 있다. 그러니 힘들더라도 자기 그림자를 하나님께 아뢰고, 치유의 아버지를 만나 보자. 하나님은 우리의 어떤 모습도 품으시고, 만져 주시는 치유의 주님이시다. 세상이 말하는 성공과 완벽의 가치관을 벗어나 하나님 나라의 가치관으로 옮겨 가 보자. 부모가 세상이 원하는 완벽의 가치관을 강요하면 할수록, 자녀의 그림자는 더욱 짙어지기 마련이다.

부끄럽게도, 나 또한 세상의 기준으로 아이를 바라보고, 내 맘에 들지 않는 아이를 비난했던 부모다. 아이가 변하기만을 기도하던 어느 날, 하나님도 안 되겠다 싶으셨는지 내 마음에 조용히 말씀하셨다.

"계속 변하지 않는 너를 내가 사랑하였다.
고집 센 너를 비난하지 않고, 기다리며
있는 그대로 사랑하였다.
그런데 왜 너는 네 아들을 사랑하지 못하니?"

그날, 나는 예수님이 말씀하신 '탕감받은 빚진 자'의 비유가 생각나 울고 또 울었다. 나는 그런 사랑을 받아 놓고, 뻔뻔하게 내 아들에게는 나도 못 한 것을 해내라고 하고 있었다. 부모로서 나는 자녀에게 내 그림자를 투사하며 무결점의 완벽한 아이로 만들고 싶어 했지만, 하늘 아버지께서는 나조차 받아들이지 못하는 내 그림자를 품어 주셨다.

하나님이 말로만 우리를 용납하신 게 아닌 것처럼, 우리도 자녀들을 진심으로 받아들이자. 물론, 그림자 자녀를 받아들이는 여정이 쉽지 않으므로 주님의 긍휼을 구하여야 한다. 나 자신이 아버지께 받은 용서와 사랑을 기억하고, 탕감받은 빚진 자임을 잊지 않는다면, 아버지께서 치유해 가실 것이다.

누가 누구에게 불만이 있거든 서로 용납하여 피차 용서하되
주께서 너희를 용서하신 것같이 너희도 그리하고 _골 3:13

부모 돌봄을 위한 Tip

내가 생각하는 우리 아이는

자녀를 대하는 부모의 태도는 자녀를 바라보는 부모의 시선에 따라 달라진다. 부모는 자녀에 관해 잘 알고 있다고 생각하지만, 막상 자신이 자녀를 어떻게 느끼고 있는지를 들여다보려면 쉽지 않다. 내 마음속에 있는 자녀 이미지를 살펴보고, 자녀와의 관계를 돌아볼 수 있는 시간을 가져 보자.

1. 깨끗한 종이와 간단한 그리기 도구를 준비한다.

2. 종이 위에 선을 그어 6칸으로 구분하여 나눈다.

3. 자녀를 떠올리며 생각나는 이미지를 각 칸에 하나씩 그린다. 그림 그리기가 너무 어렵다면, 단어를 적어 넣어도 좋다. 만약 자녀의 수가 많다면, 자녀별로 한 장씩 따로 그려야 한다.

4. 완성된 그림(또는 단어)들을 잘 살펴보고, 6개 그림(또는 단어)의 공통된 특징을 찾아본다. 어떤 주제로 모이는가, 나의 긍정적, 부정

적 시선이 담겨 있는가, 나는 자녀의 어떤 점을 관심 있게 보고 있는가 등을 살펴본다.

5. 그림을 통해 알게 된 자녀의 특징과 내가 생각하는 자녀에 관해 주님께 아뢴다.

6. 자녀에게 가졌던 나의 부정적인 시선을 회개하고, 나와 자녀를 치유해 주시길 기도한다.

11

기억 속에 갇힌 나를 놓아주자

상담을 하다 보면, 자연스럽게 여러 부모의 이야기를 수없이 듣게 된다. 부모 때문에 자신이 얼마나 불행했는지와 같은 아픈 사연들이 대부분이다. 나는 TV 막장 드라마에서나 나올 법한 이야기들이 현실에도 숱하게 많다는 걸 알게 되었다. 자녀가 아픈데도 돌봐 주지 않는 이기적인 엄마부터 밤마다 술주정하며 가족을 학대하는 아빠, 성적이 잘 나오지 않으면 밤새 혼을 내는 엄마, 아픈 아내를 두고 바람을 피우는 아빠까지…. 일일이 다 열거할 수 없을 만큼 자기 부모에게서 상처받은 경험이 있는 부모들이 많다. 그들이 옛이야기를 할 때면, 현재 나이가 몇 살이든 상관없이 자신이 상처받았던 그 순간으로 돌아간다. 아직도 화가 치민다며 목소리가 커지는 사람이 있는가 하면, 생각하면 눈물만 난다는 사람도 있고, 고통에 둔감해져서 남의 이야기 하듯 말하는 사람도 있다. 형태가 어떻든 간에 성인이 되어서도 자기 부모 이야기에서 벗어날 수 없다면, 아직 상처가 아물지 않아 피눈물이 고여 있다는 뜻이다.

부모에게 상처받은 이야기를 꼭 끄집어내야 하나 싶지만, 우리는 부모에게서 첫사랑을 배운다는 사실을 부인할 수가 없다. 부모에게서 처음 배운 사랑이 기준이 되어 이후 다른 사랑들, 자녀를 향한 사랑의 모습에도 영향을 끼친다. 그러니 내가 어떤 부모인가를 이해하려면, 내가 어떤 부모 밑에서 자랐고, 어떤 사랑을 받았는지를 살펴볼 필요가 있다.

· 나는 새끼 고슴도치였다 ·

먼저, 사랑의 언어가 대물림되는 이야기부터 해 보자. 사람마다 각기 다른 사랑의 언어를 갖고 있는데, 우리 어머니의 사랑의 언어는 '음식'이었다. 그래서 사랑을 음식으로 표현하셨고, 유독 먹는 것만 염려하며 잔소리하셨다. 자라면서 먹는 것으로만 사랑을 보여 주시는 엄마에게 불만을 품어 본 적이 있는데,

아마도 내심 엄마에게서 따듯한 말이나 인정 같은 것으로 표현되는 사랑을 받고 싶었던 것 같다.

재미있는 것은 음식만이 아닌 다른 표현의 사랑을 받고 싶어 했던 나 또한 내 아이의 끼니를 끊임없이 체크하고 있다는 것이다. "밥 먹었니?", "오늘은 뭐 먹었니?", "이런 음식을 먹고, 저런 음식은 먹지 마라"를 입에 달고 산다. 유난히 맛있는 것에 감동받고, 밥 사 주는 사람을 무척 좋아한다. 내 사랑의 언어도 어느새 '음식'이 되어 있음을 깨닫는다.

그런데 사랑의 언어만 대물림되는 것은 아니다. 내 부모에게서 받았던 상처가 고스란히 내 자녀들에게 스며들기도 한다. 진이 어머니가 그랬다. 그녀는 자신의 어린 시절 그림을 그리며, "전 엄마와는 다르게 살고 싶었어요"라고 힘주어 말했다. 진이 어머니는 어린 시절 하면, 가장 먼저 엄마의 등이 떠오른다고 한다. 그림 속 아이는 엄마가 무서워서 눈물을 흘리고 있고, 엄마와 아이 사이에는 검은 벽이 가로막고 있다. 그녀는 어린 시절의 자기는 늘 벽 속에 갇혀 있는 느낌이었다며, 그림을 그린 후 눈물을 글썽였다. 얼음같이 차가운 엄마에게 혼날까 봐 늘 긴장하며 엄마를 만족시키는 착한 딸이 되지 못할까 봐 불안해 했던 학창 시절을 떠올렸다.

 많이 맞으며 컸다는 진이 어머니는 자기 딸에게는 단 한 번도 매를 들어 본 적이 없다고 한다. 좋은 엄마가 되기 위해 무던히 노력했음에도 불구하고, 진이는 엄마를 무서워했다. 왜냐하면, 진이 어머니는 평소에 잘해 주다가도 진이가 과제를 잘 못한다거나 실수를 반복하기라도 하면 금세 얼굴이 굳어지곤 했기 때문이다. 완벽주의 엄마 밑에서 착한 딸로 자란 진이 어머니는 자기도 모르는 사이에 진이에게도 "이 정도는 해야지"라고 말하고 있었다.

 그러면서도 그녀는 자기 부모에 비하면 좋은 엄마라고 스스로 안심하며, 딸이 자신을 사랑해 주기를 바랐다. 부모에게서 받지 못한 사랑을 딸에게서만큼은 받고 싶었던 것이다. 그러나 청소년이 된 진이는 그런 엄마를 갈수록 더 밀어내기 시작했고, 그 덕에 어머니는 자신의 삶을 돌아보게 되었다.

다음은 진이 어머니가 '엄마와 나'를 주제로 그린 고슴도치 그림이다. 가까이 다가갈수록 가시로 서로를 찔러 대는 고슴도치 같은 모녀라서 사이를 조금 떨어뜨려 놓았다고 한다. 그림을 그린 후, 진이 어머니는 새끼 고슴도치가 어미 고슴도치를 따라가고 있는 것처럼 보인다면서 새끼를 돌아보지 않고 앞만 보고 가는 어미 고슴도치가 정말 자기 엄마의 모습 같다고 말했다. 처음부터 가시 돋친 모녀 사이를 표현하려고 그렸다더니 그림

을 한참 들여다보던 그녀는 새끼가 가시에 찔리더라도 어미에게 계속 다가가고 싶어 하는 것처럼 보인다면서 눈물을 흘렸다.

진이 어머니는 그동안 자신이 부모의 사랑을 받기 위해 얼마나 노력해 왔는지를 떠올리고, 비로소 새끼 고슴도치 같은 신세의 자신을 불쌍히 여기기 시작했다. 끊임없이 자신의 존재를 증명하며 살아야 했던 버거움이 얼마나 견디기 힘들었을까?

· 피 흘려 주신 사랑을 기억하자 ·

나는 진이 어머니에게 새끼 고슴도치에게 주고 싶은 것이나 해 주고 싶은 말이 있느냐고 물었다. 그러자 그림을 한참 들여다보더니 이불을 덮어 주고 싶다고 했다. 새끼뿐 아니라 어미에게도 따뜻한 이불을 덮어 주고 싶다면서 두 마리를 모두 덮을 수 있는 커다란 빨간 이불을 그려 주었다. 그 순간, 나는 감탄하며 "어머니는 정말 따뜻한 힘을 갖고 계신 것 같아요"라고 말했다.

그 힘은 대체 어디에서 나왔을까? 우리는 이불, 빨간색, 따뜻함 등 그림에서 연상할 수 있는 것들에 관해 이야기를 나누다가 드디어 그 따뜻한 힘의 근원을 발견할 수 있었다. 진이 어머

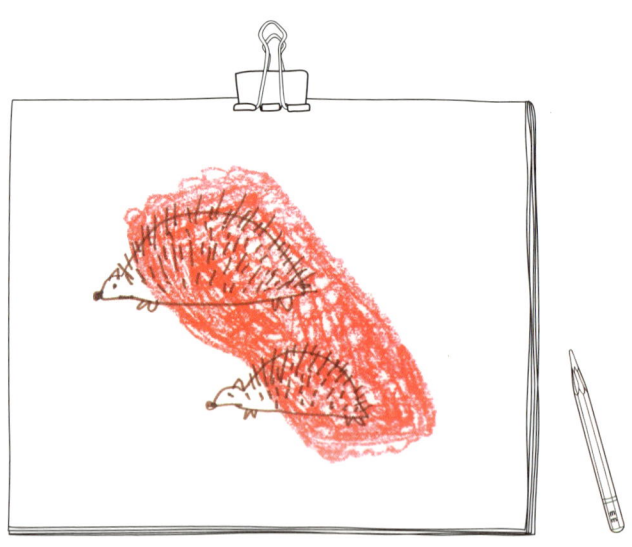

니는 빨간색 이불에서 예수님의 포근한 사랑, 곧 보혈의 사랑을 떠올렸다. 그것은 그녀가 대학 때 처음 만났던 예수님의 조건 없는 사랑, 완벽하지 않은 나를 위해 대신 피 흘려 주신 사랑의 이불이었다. 진이 어머니는 자신이 힘 있는 사람이란 생각을 한 번도 해 보지 못했다고 한다. 그러나 그 시간, 빨간 이불을 들여다보며 그녀에게 참된 힘을 주시는 분이 자신 안에 계심을 깨달았다.

이 세상에 완벽한 부모는 없다. 완벽한 자녀도 없다. 무조건 부모를 이해하라거나 용서하라는 이야기가 아니다. 우리가 부모로부터 상처받은 자일 수 있지만, 상처만 보고 살지는 말자는 것이다. 상처의 기억에 갇힌 나머지 돌아온 탕자의 형처럼 이미 사랑받고 있는데도 모를 수 있고, 내게 상처를 준 부모뿐 아니라 자기 자신까지도 미워할 수 있기 때문이다. 그러니 아픈 기억에 매몰되어 혼자 울지 말자. 모름지기 상처는 고백하고 보듬어야 비로소 치유되는 법이다. 주님 앞에 상처를 드러내고, 치유해 주시는 주님을 바라보아야 해결된다.

만약 당신의 부모가 미성숙한 탓에 혹은 부모에게도 나름의 상처가 많은 탓에 당신이 상처받은 자녀로 컸다면, 감사하자. 그런데도 당신은 이처럼 잘 컸으니 말이다. 당신에게는 자신의 상처를 마주할 수 있는 힘이 있다. 하나님이 지금까지 당신을 보호해 오셨다는 사실을 기억하라. 만약 당신의 부모가 성숙한 덕분에 혹은 사랑이 많은 덕분에 당신이 사랑받는 자녀로 컸다면, 감사하자. 연약한 당신을 위해 그처럼 좋은 부모를 주시지 않았는가. 하나님이 지금까지 당신을 보호해 주셨다는 사실을 기억하라.

주는 나의 은신처이오니 환난에서 나를 보호하시고 구원의 노래로 나를 두르시리이다 _시 32:7

부모 돌봄을 위한 Tip

내 마음속 부모와 나

나를 힘들게 하는 존재는 실제 부모가 아니라 내 마음속에 살아 있는 부모다. 내 마음속에 있는 부모를 어떻게 만날 수 있을까? 마음속 이미지로 자리해 버린 대상을 논리적인 언어로 설명하기는 어렵다. 그러나 은유적 기법을 사용하면 그 대상을 사물이나 동식물에 빗대어 표현함으로써 상징적인 대화를 나눌 수 있다. 은유적 기법으로 부모를 만나 보자.

1. 깨끗한 종이와 간단한 그리기 도구를 준비한다.

2. 잠시 눈을 감고, 부모님 중에 나에게 더 큰 영향을 주신 한 분을 떠올려 본다. 그분의 모습, 그분과 함께했던 추억, 그분에 대한 나의 감정을 떠올려 본다.

3. 만약 그분을 사물이나 동식물에 빗대어 표현한다면, 마치 무엇과 같은지를 생각해 보고, 그것을 그려 본다.

4. 부모님 앞에서 나는 마치 무엇과 같은지를 생각해 보고, 은유적으로 그려 본다.

5. 은유적으로 표현된 부모님을 바라보며, 은유적으로 표현된 내가 부모님에게 하고 싶은 말을 소리 내어 말한다. 예를 들어, 새끼 고슴도치가 되어 어미 고슴도치에게 하고 싶은 말을 해 보는 것이다. 더 그려 주고 싶은 것이 있다면, 덧붙여 그릴 수 있다.

6. 부모에게서 받았던 상처와 나의 감정을 주님께 아뢴다. 주님만이 치유자 되심을 인정하고, 부모님과 나를 회복시켜 주시길 기도한다.

12

눈으로 보는 관계의 의미

앞에서 주로 부모의 원가정을 중심으로 이야기했다면, 이번에는 현재 가족 이야기를 나누어 보자. 우리 가족은 어떤 모습일까? 그것을 알아보는 한 가지 좋은 방법은 가족을 이미지로 표현해 보는 것이다. 가족 상담 기법 중에는 가족을 동물이나 물고기와 같은 상징적 이미지로 표현하는 것도 있고, 가족 인형을 만들어 배치하는 것도 자주 쓰인다.

이미지를 활용한 가족 상담 기법 중에서도 내가 즐겨 사용하는 것은 '도형 가족화'라는 기법이다. 도형 가족화는 말 그대로 가족을 도형으로 표현하는 것인데, 보통 "당신을 포함한 당신의 가족을 도형으로 그려 보세요"라고 요청한다.

· 십자가는 은혜인가 굴레인가 ·

훈이 어머니는 남편, 자신, 큰아들, 작은아들 순으로 각 가족 구성원을 십자가로 묘사한 도형 가족화를 그렸다. 그리고 마지막에 하트로 가족을 하나로 묶은 다음 위에 예수님의 십자가를 그려 넣었다. 이 그림의 제목은 '예수님의 사랑 안에 우리는 하나'다. 그림 속의 가족은 신앙적 관점에서 볼 때, 완벽해 보인다.

하지만 훈이의 이야기는 그림의 상황과 조금 달랐다. 훈이는 부모가 자신에게 신앙을 강요한다고 느꼈다. 훈이는 이 그림의 메시지를 "부모가 십자가 모양이니 너희도 똑같은 모양이어야만 해"로 받아들였다. 십자가로 하나 된 가족이란 의미는 정말

훌륭하지만, 집단성을 강조함으로써 가족 구성원 개개인의 목소리를 자칫 놓칠 수 있다.

훈이 어머니는 가족은 하나가 되어야 한다고 생각했다. 그래서 자녀들이 자신의 통제에서 벗어나지 않기를 바라는 마음에서 "반드시"나 "당연히"를 강조하며 아이들을 키워 왔다. 그녀는 자녀들을 신앙 안에서 바르게 훈육해야 한다는 생각으로 엄격한 규칙과 체벌을 통해서라도 십자가의 자녀로 기르려 했다.

그러나 훈이는 자신에게는 사과하지 않으면서도 교회에서 매일 회개 기도를 한다는 부모에게 점점 화가 나기 시작했다. 어머니는 훈이의 신앙을 위해 신앙 서적을 선물해 주었지만, 훈이는 한 줄도 읽지 않았다.

시간이 갈수록 훈이 어머니는 점점 지쳐 갔다. 도대체 무엇이 그녀를 그토록 힘들게 만들었을까? 어머니가 주고자 하는 사랑이나 메시지가 그처럼 훌륭한데도, 정작 훈이에게는 전달되지 않는 이유가 무엇일까? 그것은 어머니 자신이 스스로의 힘으로 아이를 통제하려고 했기 때문이다. 자신이 할 수 있다고 생각하고, 자신이 다 하려고 하기 때문에 지칠 수밖에 없다.

• 별에게 모아진 시선 •

민이 어머니는 도형 가족화에 별 모양의 민이를 가장 먼저 그려 넣었다. 민이 별 안에도 하트가 있고, 민이 위에 그려진 파란색 육각형의 아빠와 분홍색 하트 엄마 모두 민이에게 계속 하트를 날리고 있다. 그림만 봐도 민이 부모님이 민이를 얼마나 사랑하고 있는지가 느껴진다.

그런데 민이네 집의 최대 고민은 이 사랑스러운 딸 민이가 자라면 자랄수록 말을 듣지 않는다는 것이었다. 하나님의 사랑으로 정성껏 키우겠다고 결심한 바 있는 민이의 어머니는 아이

가 해 달라는 것을 다 들어주고, 되도록 아이가 상처받지 않도록 조심했다. 그런데 민이가 갈수록 부모에게 더 짜증을 내고, 함부로 말하니 기가 막힐 뿐이다. 민이 어머니는 점차 육아에 자신이 없어지면서 혼란스럽기만 하다고 하소연했다.

민이 어머니가 힘든 이유는 무엇일까? 민이를 지나치게 사랑해서다. 자기도 모르는 사이에 하나님보다도 민이를 더 사랑하게 되었기 때문이다. 그녀는 시선이 오롯이 민이에게만 집중되어, 민이의 행동 하나하나에 크게 영향을 받을 수밖에 없었다. 민이 또한 관심의 무게가 버거웠을 것이고, 허용적인 부모에게 짜증을 뱉어 냈을 것이다. 자녀에게 모든 것을 걸고 있는 부모는 부모대로 지칠 수밖에 없고, 자녀 또한 집중된 관심 속에서 건강하게 자라기 어렵다.

민이 어머니는 자신의 그림을 보며, 가족의 중심이 자녀에게 있음을 직면했다. 그리고 자녀를 통해 행복을 얻고자 했던 자신의 마음을 보게 되었다. 어느 순간부턴가 주님보다 남편보다 자녀가 중요해져 있었던 것이다.

그래서 민이 어머니를 위해 제안한 나의 처방은 '시선 돌리기'였다. 민이에게만 머물러 있던 시선을 돌려 자신과 남편의 바람과 필요가 무엇인지 돌아보기를 권했다. 그녀는 먼저 자신이 자녀를 통해 채우고자 했던 것이 무엇인지 살펴보았다. 가슴 깊은 곳에, 자신이 중요한 사람이라는 가치를 아이에게서 찾고자 했던 마음, 사랑받고 싶었던 마음이 자리 잡고 있는 것을 발견했다. 그래서 민이 어머니는 남편과 대화할 때 아이 이야기 빼고는 거의 대화다운 대화를 나눈 지도 오래였고, 기도 제목도 자녀를 위한 기도가 우선이었다. 민이 어머니는 그렇게 눈을 크게 뜨기 시작했고, 자신과의 관계, 남편과의 관계, 주님과의 관계를 돌아보면서 가족의 균형을 맞추어 갔다.

자녀를 키우며 알게 되는 건, 아이 문제만큼은 정말 내 뜻대로 되는 것이 하나도 없다는 사실이다. 세상에는 참고 노력하면 얻게 되는 것들이 있는데, 자녀를 키우는 일은 내가 아무리 노력한들 뜻대로 되지 않는다. 내 뜻대로 움직이지 않는 아이를 올바로 키우는 길은 딱 한 가지, 내 자리를 주님께 기꺼이 내어 드리는 것뿐이다. 부모가 자녀를 독차지하면, 하나님이 아이를 사랑할 공간이 남아 있지 않게 된다. 그러니 내 것이 아닌 자녀로 인해 괜히 힘만 빼고 지치는 일이 없게 하자. 자녀의 모든 걸음을 인도하시는 주님을 온전히 믿어 보자.

사람이 마음으로 자기의 길을 계획할지라도 그의 걸음을 인도하시는 이는 여호와시니라 _잠 16:9

부모 돌봄을 위한 Tip

도형 가족화 그려 보기

도형 가족화는 '가족 역동'(family dynamics)을 알아보는 데 좋은 기법이다. 유아부터 성인까지 다양한 대상에게 적용해 볼 수 있는 기법이니 가족 구성원이 각자 그려 본 후 한곳에 모아 놓고 이야기를 나누어 보자.

1. 깨끗한 종이와 간단한 그리기 도구를 준비한다.

2. 나를 포함한 우리 가족 구성원을 도형으로 그려 본다.

3. 색, 크기, 무늬 등은 자유롭게 그릴 수 있으며, 도형의 종류에는 제한이 없다. 가족 구성원을 모두 같은 도형으로 그려도, 각기 다른 도형으로 그려도 상관없다.

4. 마지막으로, 선을 더해 보자. 도형을 연결해도 되고, 묶어도 된다.

5. 각자 그린 그림을 모두 함께 보며 서로 어떻게 표현하였는지를

살펴본다. 예를 들면, 아내는 남편을 파란 네모로 그렸는데, 딸은 아빠를 노란색 원으로 그릴 수 있다.

6. 가족들의 그림이 각기 어떤 차이가 있는지 서로 이야기를 나누어 본다. 만약 가족 가운데 계신 주님을 표현한다면 어떤 위치에 어떠한 형태로 계실지도 나누어 보자.

* 도형 가족화에서 중요하게 보는 것은 순서, 크기, 거리, 모양의 유사성과 차이, 생략 등이다. 그래서 어떤 도형을 먼저 그리는지, 어떤 도형을 크게 또는 중요하게 그리는지, 어떤 도형들이 서로 밀착되거나 떨어서 있는지, 각 도형은 어떤 특징을 나타내는지 살펴본다. 이에 따라 가족의 역동과 기능을 알아볼 수 있다.

부모 마음 키우기

마음의 근육이 없는 부모는 쉽게 상처받고, 회복이 힘들며, 버틸 맷집이 부족하다. 너무 아프지만 훈련을 거듭하다 보면, 이것이 하나님의 선물임을 깨닫게 되는 순간이 온다. 그렇게 하나님이 나를 치유하시고, 자녀와 함께 자라게 하신다.

13

노력의 배신

아이를 낳기 전에 나는 아기를 낳기만 하면 잘 키울 수 있으리라고 착각했다.

'하나님이 내게 주신 아이인데, 얼마나 사랑스러울까?'

'나는 아이에게 좋은 엄마가 될 수 있을 거야.'

이 같은 생각을 하며 설레는 마음으로 아기를 기다렸는데, 나의 기대는 출산하는 순간부터 정확히 빗나가기 시작했다. 임신 중에 내 자궁 안에서 자란 것은 아기만이 아니었다. 야구공만 한 크기의 딱딱한 근종이 하필 안 좋은 위치에 생겨 아기가 세상에 나오려고 할 때마다 부딪히는 바람에 출산 신호가 온 지 꼬박 일주일 만에 고위험 분만으로 겨우 아들을 만날 수 있었다. 담당 의사가 내게 아이가 장애 없이 태어난 것을 감사히 여기라고 말했다.

그때부터였을까? 마음에서는 아이를 만난 기쁨과 감사가 넘치면서도 깊은 속 어디에선가 아이에게 그런 힘든 과정을 겪게 한 엄마라는 죄책감이 꿈틀거렸다. 아이는 자라는 내내 아토피와 비염을 달고 살았고, 나는 늘 바쁜 엄마였다. 거기다 세 살 때부터 2년이나 다녔던 어린이집 교사의 학대 사건이 뒤늦게 밝혀져 우리 아이도 나도 큰 상처를 받았다. 그 사건은 나에게 엄청난 죄책감으로 다가왔다.

'아이가 그렇게 가고 싶지 않다고 울었는데, 그때 왜 나는 적응시킨다고 꼬박꼬박 보냈을까?'

'아이가 선생님이 아이들을 화장실로 끌고 가서 때린다고 처음 말했을 때, 왜 나는 기관에 한 번만 물어보고 말았을까?'

꼬리에 꼬리를 무는 자책이 나를 괴롭혔다. 다 잊혔으리라 생각했는데, 아이가 초등학교 입학하기 전에 매일 밤 그때 그 선생님이 학교에 있는지 나에게 물었을 때는 정말로 너무 고통스러워서 죽고 싶은 심정이었다.

아이에 대한 안쓰러움, 미안함, 염려 등등의 마음이 모여 나도 모르는 사이에 아이를 잘 키워야겠다는 죄책감인지 욕심인지 모를 '좋은 엄마 병'을 앓기 시작했다. '좋은 엄마 병'의 증상은 아이가 조금이라도 잘못되면, 엄마 자신을 공격하고, 엄마가 할 수 있는 온갖 노력을 다하여 결점 없는 아이로 만들려고 하는 것이다. 온갖 죄책감이 어우러져 아이를 잘 키우고 싶다는 욕심이 되고, 그 욕심은 나에게도 아이에게도 독이 되었다. 아이가 조금이라도 잘못될까 봐 걱정하며, 아이의 모난 부분이 펴지기를 기다리기보다는 매끈하게 만드는 데 최선을 다했다.

나는 어떻게 해서든 좋은 것을 떠먹여 주려 했고, 내가 노력하는 만큼 아이도 모든 것을 잘 해내길 바랐다. 그러나 아들은 내 바람과는 점점 멀어지는 것처럼 보였고, 어느 순간 부모에게 숨기는 것이 많은 아이가 되어 있었다.

• 내 힘으로 넘은 산이 있던가 •

내가 아들을 키우면서 받은 최고의 은혜는 역설적으로 나의 노력이 아무런 소용도 없었다는 것이다. 내가 아이에게 책을 사 주고, 좋은 선생님을 붙여 준다고 해서 아이의 능력이 높아지는 것도 아니었고, 당연하게도 잔소리와 협박으로는 아이를 조금도 움직일 수 없었다. 내 힘으로 하는 노력은 번번이 나를 배신했다. 오로지 눈물의 기도만이 아이를 살리는 방법이었다.

다음 그림은 아이가 중학교에 다닐 때 그렸던 것이다. 눈물의 기도로 아이를 살리고 있는 엄마의 모습이다. 나는 방법을 가지고 있지 못한 어미이니, 내가 가진 것은 눈물밖에 없으니, 오직 주님만이, 주님의 뜻대로만 키워 주시길 기도하며 그렸다.

이즈음 이런저런 노력에 지친 나는 그제야 기도밖에 없다는 생각이 들었고, 매일 밤 아들이 잠들기 전 그 옆에 가서 기도해 주었다. 중학생인 아들이 이런 나를 반기지 않을 때도 있었지만, 어떤 날은 잠잠히 함께 손을 모으기도 했다. 그렇게 일 년여가 지났을 무렵, 아들은 교회 수련회를 통해 예수님을 만났고 교회 안에서 자라기 시작했다.

만약 내 노력으로 아이가 달라졌더라면, 내가 눈물 흘리며 기도할 수 있었을까? 아들이 내 맘에 맞게 내 뜻대로 자라 주었다면, 나는 내가 잘난 덕분에 아이가 잘 자란 줄 알고, 엄청나게 교만해졌을 것이다. 아들을 키우며 넘어 온 그 많은 산 중에 내 힘으로 넘은 산은 단 하나도 없었다. 주님은 내 힘으로 할 수 있는 것이 아무것도 없다는 것을 아들을 통해 내게 가르쳐 주셨다.

믿음은 사람의 능력이 끝나는 곳에서 시작된다.
_조지 뮬러(George Muller)

주님의 가르침은 늘 쓰러지고 넘어지는 자리에서 시작된다. 주님의 자리를 차지하고 있던 내가 힘을 모조리 빼고 쓰러지고 나서야 주님이 찾아오신다. 그때야 비로소 내 안에 숨어 있던 오만과 죄책감에 대한 보상이 사랑이라는 이름으로 행해졌다는 사실을 알게 된다. 그러니 내 노력이 나를 배신할 때가 곧 은혜의 때다. 힘을 빼고 쓰러지되 주님 안에서 쓰러지기만 하면 된다. 주님의 위로와 회복이 아니면, 자녀로 인해 지친 마음은 도저히 일어설 수 없다.

지금 이 아픔은 너의 집 아니니
머물지 말고 나와
내게로 오라
나의 사랑 안에 버거운 네 짐을 풀고
가만히 누워 날 생각해 보라
이 세상 무엇이 너를 위로할까
안전한 나의 품으로 나아오라
내가 바로 네게 기대하는 믿음이란
쓰러지되 내 안에서 쓰러지는 것
너는 내게로 무너지라
나의 임재 안에서 너는 편히 울라
나의 위로는 깊고 깊어서
너의 맘 어디든지 닿지 않을 곳이 없노라
기가 막힐 웅덩이라도
그 어떤 골짜기를 네가 지나간대도
나의 손 닿지 않을 곳 없어
내가 어디 있든지 끝내 찾아내리라
너를

_〈내게로 무너지라〉, 이상현

14

로뎀나무 아래서 지쳐 잠들다

내가 겪은 노력의 배신 사건 중에서 가장 큰 것은 아들의 대학 입시 실패였다. 아들은 내내 음악을 하다가 영화 실기 입시로 전향하는 바람에 여러 가지 우여곡절을 겪어야 했다. 내가 아니라 아들이 입시에 실패한 것인데, 내가 대학에 떨어졌을 때보다 더 지치고 힘들었다.

내가 힘들었던 이유는 고질병인 부모로서의 죄책감이 다시 올라왔기 때문이다. 오랫동안 해왔던 부모로서의 노력이 무언가 다 잘못된 것 같아 자책이 앞섰다. 입으로는 하나님 뜻대로 하시라고 기도했지만 막상 자식의 일이다 보니 아무리 매달리고 기도해도 이루어지지 않는다는 것을 받아들이기가 어려웠다. 주변 사람들은 "그 정도 갖고 힘들어하면 어떻게 해. 더 좋은 걸 주실 거야. 힘들수록 더 기도해야지"라고 했지만, 그 말들은 나를 전혀 위로해 주지 못했다. 나 자신조차도 좌절하는 내 믿음에 배신감이 들었다. 나의 신앙이 무너져 내리는 것이 제일 힘들었다. 예수님께 충성과 사랑을 고백했지만, 예수님을 세 번이나 부인했던 베드로의 모습이 마치 내 모습인 것처럼 느껴졌다. 아이의 입시 기간은 내게 은혜의 시간이기도 했는데, 그 기도가 내 욕심으로 했던 기도였나 하는 의심마저 들며, 그 소중했던 순간들이 다 사라지는 느낌이었다.

· 마음의 통증을 풀다 ·

그렇게 마음이 무너지던 어느 봄날, 기도 중에 제주도가 떠올랐다. 하나님이 주신 음성으로 받아들이고, 곧장 홀로 제주 여행을 떠났다. 여행 중에 지인의 집을 방문했는데, 마침 마당에 천리향이 처음 피었다며 꽃을 따서 차와 함께 내주며 극진히 대접해 주었다. 그리고 나를 위해 정성껏 밥을 지어 주었다. 그때의 따듯한 밥상은 마치 로뎀나무 아래에서 엘리야가 받았던 하나님의 음식처럼 지친 나를 위로해 주었다. 하나님은 그렇게 나를 섬세하게 어루만져 주셨다.

지인의 집에서 마음에 드는 몽돌을 발견한 나는 별생각 없이 집어 들고는 예쁜 색깔의 실을 손이 가는 대로 감기 시작했다. 그러다가 눈물이 떠올라 그려 넣었다. 그때는 단순히 '요즘 너무 울어서 눈물이 생각났나 보다' 하고 생각했다.

그런데 실로 동여맨 돌을 보고 있자니 갑자기 눈물이 왈칵 쏟아졌다. 실이 칭칭 감긴 몽돌은 단단히 동여매고 살아온 내 삶이었고, 그려진 물방울은 내 피와 땀과 눈물이었다. 부모로서 살아온 내 모습이 거기 있었다. 나의 수고가 조금이라도 땅에 떨어지는 것을 아까워하며, 내가 형편없는 부모일까 봐 겁내며

살았던 나의 민낯이었다. 그 민낯이 너무 아파서 나는 돌을 손으로 감싸 안고, 오랫동안 울었다. 그리고 나에게 보내는 편지를 썼다.

그동안 너무 애쓰고 사느라 힘들었지?
너무 열심히 사랑하느라 힘들었지?
돌처럼 단단하게 다잡으며 사느라 힘들었지?
너무너무 고생했어. 너 잘해 왔어.
누가 뭐라 해도 내가 얼마나 사랑했는지,
내가 다 알아. 하나님이 다 아셔.
이제, 그렇게 애쓰지 않아도 돼.
아무것도 잘못되지 않아.
정말 수고했어. 괜찮아. 가슴 펴도 돼.

진정한 변화는 깊은 공감에서 시작된다고 한다. 나는 정작 나 자신을 공감해 주지 못했었다. 그런 나에게 하나님은 돌멩이 하나에서 내 모습을 보게 하시고, 나를 위로해 주셨다. 결과가 어떻든, 노력이 틀렸든 맞았든, 분명한 것은 내 마음이 애썼다는 사실이라고 공감해 주셨다.

나 스스로를 향한 비난이 공감으로 바뀌자 통증이 한순간에 사라지는 것을 느꼈다. 부모로서 부족한 나를 책망하고 믿음까지 연약한 나를 미워하느라 아팠던 나… 그런 나에게 하나님은 '그 마음이면 족하다, 그 마음 다 안다'라고 말씀하셨다. 그리고 '이제부터가 시작이라는 마음'이 기도의 응답임을 깨달았다. 그렇게 내 마음을 동여매던 통증을 하나님이 치유해 주셨다.

부모는 로뎀나무 아래서 지쳐 잠든 엘리야와 같다. 하나님의 당당했던 선지자 엘리야가 한순간에 두려움에 떨며 도망했던 것처럼, 연약한 부모는 한순간에 무너지기도 한다. 호렙산에 이른 도망자 엘리야에게 여호와 하나님이 "엘리야야 네가 어찌하여 여기 있느냐"(왕상 19:9) 하고 물으셨다. 그러자 엘리야가 기다렸다는 듯이 "내가 만군의 하나님 여호와께 열심이 유별하오니 이는 이스라엘 자손이 주의 언약을 버리고 주의 제단을 헐며 칼로 주의 선지자들을 죽였음이오며 오직 나만 남았거늘 그들이 내 생명을 찾아 빼앗으려 하나이다"(왕상 19:10:14) 하고 자신의 '열심'이 유별나다며 연거푸 항변한다.

우리도 부모로서의 우리 '열심'이 유별함을 얼마나 항변하고 살아왔던가! 이제 이 같은 주장을 펼치는 내 모습을 내려놓고, 지친 나를 먹이시고 어루만지시는 하나님을 만날 때다. 하나님은 나조차 알아주지 않는 내 마음을 안쓰러워하는 분이시다. 우리가 있을 곳은 하나님의 품이다.

15

마음에도 근육이 있다

　사람들은 근육 있는 몸을 원하지만, 근육을 키우기란 매우 힘들다. 근육이 있어야 몸이 잘 버틸 수 있고, 근력이 있어야 마음대로 움직일 수 있다. 마음의 근육도 마찬가지다. 마음의 근육이 없는 부모는 쉽게 상처받고, 회복이 힘들며, 버틸 맷집이 부족하다.

　마음의 근육은 어떻게 키울 수 있을까? 근육은 훈련을 통해 다져진다. 그런데 그 훈련이라는 것이 결국 통증을 이겨 내는 연습이다. 그것도 반복해야 훈련이 된다. 그만큼 자식을 키우는 것은 아픔을 반복하여 이겨 내는 일이다.

· 마음의 근력을 키우는 세 가지 훈련법 ·

　내가 아들을 키우며 받았던 훈련은 크게 세 가지였다.
　<mark>첫 번째는 믿는 훈련이다.</mark> 이 훈련은 믿기 어려운데 믿는 것을 의미한다. 상황만 보면, 도무지 믿기 어려운 것들이 있다. 부모의 입장에서 자녀를 바라보면, 아이가 이렇게 게으른데, 이렇게 소심한데… 등 믿고 싶어도 도저히 믿음이 안 생기는 순간이 있다. 그러나 소망이 생기지 않는 바로 그때, 선하신 하나님을 믿어야 한다. 나를 잘 아시는 하나님이 나에게 꼭 맞는 인생을 선물해 주신 것처럼, 나를 선하게 이끌어오신 하나님이 나의 자녀도 선하게 키워 가실 것을 믿어야 한다.
　또한 자녀를 믿어 주어야 한다. 지금 내 눈에 비친 자녀의 모습이 나를 불안하게 할지라도 아이가 과정을 거쳐 잘 커 나갈 것을 믿는 것이다. 이 과정을 지나기란 결코 쉽지는 않다. 그럴 때 성경을 펼쳐 보자. 믿을 수 없고, 바랄 수도 없는 상황에서 주님이 보여 주셨던 기적 이야기가 가득하다. 어차피 한 번에 안 되니, 다시 연습하면 된다.

　믿음은 바라는 것들의 실상이요 보이지 않는 것들의 증거니
　_히 11:1

> 믿음으로 사라 자신도 나이가 많아 단산하였으나 잉태할 수 있는 힘을 얻었으니 이는 약속하신 이를 미쁘신 줄 알았음이라 _히 11:11

두 번째는 나 자신을 직면하는 훈련이다. 보통 이 훈련은 피할 수만 있다면, 피하고 싶을 정도로 고통스러운 과정이다. 결혼 초기에 나와 너무 다른 남편과 다투다가 남편에게 했던 말이 생각난다. 그때 나는 "우아하게 살고 싶었는데, 내 안의 동물농장이 다 튀어나오는 것 같아"라고 말했다.

이처럼 생각지도 못한 나의 울퉁불퉁한 모습을 끄집어내는 것이 가족이다. 그중에서도 자녀는 부모에게 있어 최고의 거울이다. 지적인 것을 포기하지 못하는 부모에게는 그 부분을 뒤흔드는 일이 생기고, 품위 유지가 중요한 부모에게는 망신당할 상황이 벌어지곤 한다. 생각하지 못했던 문제 상황이 생기고서야, 부모는 자기 밑바닥에 있는 삐뚤어진 자아상, 결핍, 그릇된 가치관 등과 마주한다.

나의 가장 취약한 바닥을 보는 것은 몹시 아픈 일이다. 나도 내 밑바닥에 있는 두려움이나 죄책감이나 욕심을 인정하는 것이 쉽지만은 않았다. 너무 아프지만, 이것은 겪어 내야 할 훈련이다. 훈련을 거듭하다 보면, 이것이 하나님의 선물임을 깨닫게 되는 순간이 온다. 그렇게 하나님이 나를 치유하시고, 자녀와 함께 자라게 하신다.

> 사랑 안에 두려움이 없고 온전한 사랑이 두려움을 내쫓나니 두려움에는 형벌이 있음이라 두려워하는 자는 사랑 안에서 온전히 이루지 못하였느니라 _요일 4:18

세 번째는 맡기는 훈련이다. 나는 일하러 나갈 때마다 "주님, 저는 주님의 아이들을 키울 테니, 저희 아이는 주님이 키워 주세요"라고 기도했다. 문제는 내가 그렇게 기도하면서도, 염려가 많으니 아이의 손을 주님께 온전히 넘겨 드리지 못했다는 것이다.

그러자 하나님이 내 힘으로는 도저히 감당할 수 없는 상황으로 나를 몰아넣으셔서 급기야 "제힘으로 도저히 안 돼요. 하나님이 해 주세요!" 하고 거듭 부르짖게 하셨다. 내가 주도하려고 하면, 더욱 힘들어지는 것이 양육이다. 아브라함처럼 매일 다짐하며 자녀를 올려 드리는 것이 청지기로서 부모가 할 역할이다. 내가 아이를 돌보지 못할 때도 신실하신 하나님이 쉼 없이 아이를 지켜 주실 것이다. 하나님이 하실 것이니 안심하자.

> 까마귀를 생각하라 심지도 아니하고 거두지도 아니하며 골방도 없고 창고도 없으되 하나님이 기르시나니 너희는 새보다 얼마나 더 귀하냐 _눅 12:24

결국, 아들은 재수를 선택하지 않았다. 그 대신, 자신이 정말 하고 싶고, 기꺼이 노력하고 싶은 일이 생길 때까지 시간을 갖겠다고 했다. 처음엔 그냥 시간을 갖겠다는 아들의 선언이 불안해, 설득도 해 보고 화도 내 보았지만 소용이 없었다. 나는 지금도 그의 시간이 멈출까 봐 불안한 마음을 내려놓고, 모든 것을 주님께 맡기고 기다리는 훈련을 하고 있다. 믿음과 인내의 훈련은 한 번에 되지 않기에, 기다리며 버텨 내야 함을 배우고 있다. 내가 버틸 수 있는 단 한 가지 이유는 선하신 하나님이 아들의 아버지이기 때문이다. 선하신 하나님의 사랑을 믿기 때문이다.

근력 운동도 처음엔 근육이 터질 듯 아프지만, 어느 순간부터 근육 양이 조금씩 늘어나면서 버틸 수 있게 된다. 마음 근육도 마찬가지다. 날마다 연습을 통해 조금씩 달라질 뿐이다. 이스라엘이 출애굽하는 과정을 보라. 홍해를 건넌다고 끝이 아니었고, 광야를 건넜어도 끝이 아니었다. 여리고성의 순종까지 얼마나 많은 시간이 쌓여야 했던가. 이스라엘을 훈련시키셨던 것처럼, 하나님은 우리도 키워 가실 것이다.

너의 삶의 참주인 너의 참부모이신
하나님 그 손에 너의 삶을 맡긴다
너의 삶의 참주인 너를 이끄시는 주
하나님 그 손에 너의 삶을 드린다
_〈요게벳의 노래〉, 염평안 작사·작곡

16

부모 독립 만세

많은 심리학자, 육아 전문가들은 자녀 양육의 마지막이 '독립'이라고 입을 모아 말한다. 즉 자녀를 나에게서 떠나보내는 것이 마지막이라는 것이다. 그러나 부모들은 '떠나보냄'을 '멀어짐'으로 생각하여, 자녀의 손을 쉽사리 놓지 못한다.

부모가 자녀를 독립시키지 못하는 이유 중 하나는 부모 자신이 독립된 자로서 서질 못해서다. 자녀를 떠나보낸 후에 혼자서 있을 힘이 없는 부모는 자녀를 떠나보낼 수가 없다. 그래서 자녀의 독립을 위해 먼저 필요한 것은 부모의 독립이다. 어린아이가 청소년기를 거쳐 독립할 수 있는 성인이 되어 가는 것처럼, 부모도 아이의 성장과 함께 '독립할 힘'을 갖추어 가야 한다.

부모가 '하나님 안에 온전한 하나의 나'로 바로 서면, 독립된 나로서 부부 관계뿐 아니라 부모와 자녀 간의 관계도 안정적으로 세울 수 있게 된다.

그러니 부모는 자녀의 독립을 위해 자녀에게 스스로 할 수 있는 기회를 주고, 할 수 있다고 믿어 주어야 한다. 부모가 할 일은 내가 받은 하나님의 사랑이 어떤 것이었는지 자녀에게 몸소 전하는 것, 그리고 자녀가 자신의 하나님을 만나 사명을 향해 나아가도록 기도하는 것이다.

· 사명을 깨달아야 독립한다 ·

그렇다면 부모는 어떻게 독립할 수 있을까? 부모로만 사는 것이 아니라 독립된 그 자체로서의 '나'를 보아야 한다. 하나님이 지으신 나의 특성이 무엇인지, 내가 진정 원하는 삶이 무엇인지 스스로 살펴보아야 한다. 누군가는 배부른 소리라고 할지 모르나 '나'에 대해 모르는 부모는 좋은 부모도 온전한 자신도 될 수 없다. 그러니 부모도 부모의 사명을 살아야 한다.

부모의 역할은 하나님이 맡기신 큰 사명이다. 그러나 하나님은 내가 부모의 이름으로만 사는 것이 아니라 온전한 사명자

로 살길 바라신다. 내가 만난 나의 하나님은 어떤 분이신가? 나를 어떻게 부르셨는가? 부모로서 훈련된 나를 어떻게 드릴 수 있을까? 어떻게 그 사랑을 갚을 수 있을까? 기도하며 질문해 보자.

위의 작품은 자녀를 떠나보내는 기도를 하며 그렸던 것이다. 이 물방울들은 눈물이 아니라 봄비다. 새 생명의 싹을 틔우는 은혜의 봄비가 내리고 있다.

나는 지금도 아들과 한집에 살고 있지만, 그림을 그리며 이제 성인이 된 아들을 놓아주는 나름의 졸업식을 해 보았다. 혼자 졸업식을 했다고 해서 크게 달라진 것은 없지만, 하나님 앞에서 그동안 학부모로 살아온 나를 내려놓는 의미 있는 시간이었다. 나는 여전히 부족한 부모이나 은혜의 봄비를 머금고 새 언덕으로 나아가는 중이다.

· **주와 함께라면 평안할 수 있다** ·

마지막 그림은 사명을 향해 날아가는 새를 표현한 것이다. 〈주 품에 품으소서〉의 찬양 가사처럼 거친 파도와 폭풍 속에서

도 주님과 함께라면 우리는 평안할 수 있다.

주 품에 품으소서
능력의 팔로 덮으소서
거친 파도 날 향해 와도 주와 함께 날아오르리
폭풍 가운데 나의 영혼 잠잠하게 주를 보리라
_〈주 품에 품으소서〉 김대환 작사

우리는 상처 입고 쓰러진 자가 아니라, 치유 받은 치유자다. 지쳐 쓰러져 있는 엘리야를 쓰다듬으시고, 이제는 돌아가 선지자로서의 사명을 다하라고 말씀하신 하나님을 만나 보자. 세 번이나 예수님을 부인했던 베드로에게 다가가셔서 지친 그를 먹이신 후 "네가 나를 사랑하느냐"(요 21:15;16:17) 하고 세 번이나 물어 주신 그 주님을 만나 보자.

주님을 사랑한다면, 이제 부모도 나만의 사명을 향해 나아가야 한다. 나의 하나님과 더불어 나의 삶을 살아야 한다. 내 힘이 없어도 성령의 바람을 타고 날개를 뻗기만 하면 된다. 상처 입은 부모를 주 앞에 내려놓고 지금 이 순간, 나의 주님을 바라보자.

내가 달려갈 길과 주 예수께 받은 사명 곧 하나님의 은혜의 복

음을 증언하는 일을 마치려 함에는 나의 생명조차 조금도 귀한 것으로 여기지 아니하노라 _행 20:24

주

1) Bowlby, J.(2014). 《존 볼비의 안전기지》, 김수임·강예리·강민철 공역, 서울 학지사: 원저 발간(1988)
2) 한기연(2001). 《분노 스스로 해결하기》. 학지사.
3) Landreth, G. L.(2012). Play therapy: The art of the relationship. Routledge.
4) 신명희 외(2017). 《발달심리학》. 학지사.
5) Thomas, A., & Chess, S.(1977). Temperament and development. Brunner/Mazel.
6) 천성문 외(2019). 《부모역할 훈련프로그램》. 학지사.
7) Maier, S. F., & Seligman, M. E.(2016). Learned helplessness at fifty: Insights from neuroscience. Psychological review, 123(4), 349.